科学で解明！

引き寄せ実験集

「どうせできない」が「やってみたい！」に変わる

From "Banana" to "Happy Life"
Attraction Experiments

流通科学大学准教授
濱田真由美

ドリームスペースクリエイター
山田ヒロミ

BAB JAPAN

はじめに

この本は、20年以上〝引き寄せ〟を実験し続けている2人が書きました。**あなたにも、〝引き寄せ〟を体験&体感してもらうために、誰にでもできる7つの〝引き寄せおもしろ実験〟を紹介しています。そしてもう一つの目的は、〝引き寄せ〟と呼ばれる現象は不思議なことではなく、心理学や脳科学で説明がつく当たり前の出来事であることを理解していただくことです。**

願望実現法の一つとしてブームになった〝引き寄せ〟という言葉が日本で広まり出したのは、『The Secret』というDVDと本が2006年にアメリカで発売され、一大ブームを巻き起こした翌年頃からです。その中で紹介された〝Law of Attraction〟という英語表現が〝引き寄せの法則〟と日本語に訳されたところから、〝引き寄せ〟という言葉が日本にも流行り出しました。

「幸せになりたい」「自分らしく輝きたい」「夢を叶えたい」という思いは、私たち誰もが持っている自然な願望です。現在、自己啓発、願望実現に関する本は、どれを選んでよいか分からないほど多く書店に並んでいます。古くは成功哲学の提唱者で、政治家や実業家に影響を与えたナポレオン・ヒルの『思考は現実化する』に代表される、「目標を明確にし、期日を決め、計画して行動する」という現実的な手法から、牧師でもあり潜在意識を利用した『マーフィーの成功法則』で有名なジョセフ・マーフィー博士に代表される潜在意識活用法などさまざまなものがあります。昨今は、〝引き寄せで願いを叶える〟というのがブームになっているようですね。

では、あなたは〝引き寄せ〟という言葉を聞いて、どんなイメージを持つでしょうか？

「願いをイメージしたら、自分では努力もしていないのにミラクルが向こうからやってきた！」というような、どこかミステリアスで、かつ、棚ぼた式の楽々願望実現テクニックというイメージがあるのではないでしょうか？

〝引き寄せ〟という少しミステリアスな言葉のイメージが先行して広まったため誤解が生じているかもしれませんが、〝引き寄せ〟と〝思考は現実化する〟は結局同じことで、〝引き寄せ〟現象は今や、心理学や脳科学の分野で日々解明されつつあります。もはや不思議なものでも怪しいものでもなく、科学的に説明できるようになりました。

本書は、大きく分けると2部構成になっています。

パート1では、〝引き寄せ〟の正体やからくりを科学的データを使いながら分かりやすく説明していきます。すでに「〝引き寄せ〟という言葉を知っている」という場合は、「欲しい物を魔法のように、自分の方に引き寄せる摩訶不思議な手法」という誤解を解いていただきます。

パート2は本書の特徴である、誰にでも簡単にできて遊び心溢れる〝引き寄せおもしろ実験〟を紹介します。簡単な説明の後に、実際に実験をやっていただきます。楽しみながら〝引き寄せ〟を体験してみてください。まずは身近な〝引き寄せ〟が体験できれば、「どうせできない」が「私もやってみたい！」に変わります。

この本は2人の共著で書かれています。私たちが出会ったのは40代後半ですが、面白い共通点がありました。人生がうまくいかず救いを求めていた時期に、潜在意識の力について書かれてあるジョセフ・マーフィー博士の本に出合っていたことです。

濱田真由美(以下、真由美)は20代半ばで失恋したショックから立ち直れず、長い間の夢だった留学さえどうでもよくなってしまうほど、暗いトンネルの中から抜けられない時期がありました。そのような時に、尊敬している方から教えてもらったのが、『マーフィー100の成功法則』という本。そこには、「人間の心には潜在意識という無限の宝庫があり、あなたの望むことをありありとイメージし潜在意識に落とし込むことができれば、それが健康、富、仕事、結婚、人間関係、何であっても必ず実現する」という内容のことが書かれてありました。初めて読んだ時はまったく信じられず、「そんなに上手くいくなんてあり得ない。これが本当だったら誰も苦労しないし、みんながあっという間に成功者。不幸な人も存在しなくなる」と思ったからです。

当時、真由美が望んでいたのは「結婚と留学」の両方でした。しかし、「二兎を追うものは一兎も得ず」ということわざにもあるように、「あれもこれも手に入れようなんて虫が良過ぎる」と感じていました。留学という夢ならお金をコツコツ貯めたり、英語を勉強したり、自分が努力すれば叶えることはできると思っていたのですが、「結婚と留学」になると、どうやって2つの夢を同時に叶えられるのか方法が思いつかなかったのです。

しかし、当時は藁にもすがりたい状態だったこともあり、「ダメ元でやってみよう」と思ったのです。それから毎晩寝る前に、「教会での結婚式で、立ち見がでるくらいたくさんの人に祝福されているシーン」のイメージを始めました。最初は上手にできなかったのですが、そのうちイメージしている最中に感動して涙が出てくるまで、ありありとイメージすることができるようになりました。そして、それから約半年後、以前の勤め先の先輩から急に電話があって会うことになり、その3ヶ月後には結婚が決まっていました。結婚式当日、教会から退場する際に振り返った瞬間のことは今でも鮮明に覚えています。毎日イメージしていたシーンとまさに同じように、立ち見がいたのです！　そして、驚くことはまだありました。留学するための奨学金制度を見つけ、無理だろうと思いながらも受けてみると、合格。結婚式の4ヶ月後には、大学院に留学するために単身渡米していました。自分の思考では到底無理だと思っていた「結婚と留学」という夢が想定外の方法で一気に実現したのです。

これが、潜在意識のパワーを実感した最初の体験になりました。それでも最初は、この奇跡のような出来事は偶然に起きただけかもしれないと半信半疑でした。しかしそれから20年以上に渡り、何度も何度も試してみて、家や旅行、大学の仕事や出版の依頼など、実際に多くの夢が実現した体験を通して「偶然に違いない」から「偶然ではない」という確信に変わっていったのです。現在は大学で英語教育に携わっていて、心理学と脳科学に基づいた自己実現法と、英語学習を組み合わせた新たな取り組みをおこなっています。

山田ヒロミ（以下、ヒロミ）は「なんのために人は生きるのか？」という答えを小学生の頃からずっと探し続けていました。30代で、「人生をまっとうするということは、とことん考え抜いて真実を見極めるということです。イマジネーションは思考のひとつですから、心に芽生えたどんな考えも、自ずと身体に影響してしまいます。生きる力は心の中だけにあるのです」という言葉をジョセフ・マーフィー博士の本の中に発見し、「これだ！　心の中の世界を探求して充実させることなら、今どんな現状でも誰でも自由自在に行える。生きる意味について納得して、腑におちる答えをやっと得ることができた！」と鳥肌が立ちました。その時から、恋愛、楽しい子育て、仕事などさまざまなものを〝引き寄せ〟続けています。

また、幼い頃に模様替えをしているうちに発見したコツを活かして実績をあげていた、起こって欲しい出来事をイメージしてから逆算して深く考え、お店や住居や会社事務所のインテリアをつくる空間術の根幹部分にも一致していることに強い興味を持ち、関連性を確かめてみることにしました。現在は作家、心理カウンセラー、インテリア設計士、海外のビジネススクールの客員教授として活動しています。そして、心理学を活用した、インテリア設計で夢を叶える空間づくりをする「ドリームスペースクリエイター®」として、本書に書かれているような内容を会社やお店、ご自宅の空間に活用する方法を提唱しています。

２人がジョセフ・マーフィー博士の本に出合った当時は〝引き寄せ〟という言葉もない時代でした。それから20年、真由美とヒロミが出合う頃には、すでにそれぞれが自分の中で〝引き寄せ〟は当たり前のこととなっていました。よく似た夢を持ち、多くの〝引き寄せ〟体験をしているという共通点から２人はすぐに仲良くなり、大学の准教授という職業柄、体験を論理的に腑に落としていく真由美と、死後に見るような「人生を走馬灯のように振り返る映像」を日常で見るなど不思議な体験が次々に起こるクリエイターのヒロミが一緒にいる時、〝引き寄せ〟が起こる機会はどんどん増え、そのたびに、現実的な数字やエビデンス、そして目に見えない現象面の違った側面から〝引き寄せ〟を見て検証していくことができました。
そして、私たちが20年以上を費やして体験を重ねている間に、心理学や脳科学の研究がどんどん進み、〝引き寄せ〟を説明できるデータが世の中にたくさん出てきました。この本ではその中から、いくつかの最新情報をお届けします。読むうちに、〝引き寄せ〟を普通のこととして捉え、楽しい実験をしながら身につけることができるようになるでしょう。

〝引き寄せ〟は子どもの頃に自転車の乗り方を学んだことに似ています。ペダルの漕ぎ方や足を離すタイミングについて最初は教えてもらいますが、実際は自分で何度も乗ってみて感覚を掴んで体得していかなくては乗れるようにはなれません。しかし、繰り返し練習するうちに、ある日乗れる瞬間がやってきます。その後はペダルの漕ぎ方について疑問に思うことはないでしょう。〝引き寄せ〟もこれと同じで、何百冊という〝引き寄せ〟の本を読んでも、何百回セミナーに参加して頭で理解できたとしても、結局は自分の体験しか腑に落ちないので、信じることはできません。パート2の〝引き寄せおもしろ実験〟をすることで、飽きずに新しい視点を感覚的に身につけることができ、〝引き寄せ〟はごく当たり前のことで、誰にもできて何も不思議はないと理解し、納得してもらえることと思います。

最近では、〝引き寄せ〟という言葉が持つ、金銭や物質をこちらへ引っ張り寄せるようなイメージのせいで、ご利益主義や利己主義だと批判する人もいますが、実際に体験を重ねてゆくと、日本語の言葉が持つイメージと実際には違いがあることにも気づくと思います。**最初は何か欲しいものを〝引き寄せ〟ることがきっかけで始めても、やがて何かもっと大切なものを見つけるきっかけになってゆくかもしれません。この〝気づきのプロセス〟こそ、実は人生の歩みや成長そのものといってもいいでしょう。**

本書で紹介する7つの実験を通じて、「私も〝引き寄せ〟てみたい！」と感じてもらえたら幸いです。そして、今までとは違う視点で人生を楽しんでいただきたいと思います。

それでは、大切なことからお話ししていきたいと思います。

濱田真由美
山田ヒロミ

引き寄せ実験集 目次

PART1

“引き寄せ”の正体

PART2

〝引き寄せ〟おもしろ実験集

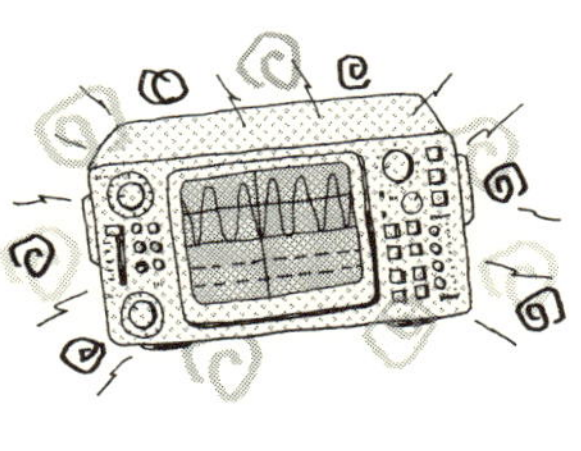

PART 1

“引き寄せ”の正体

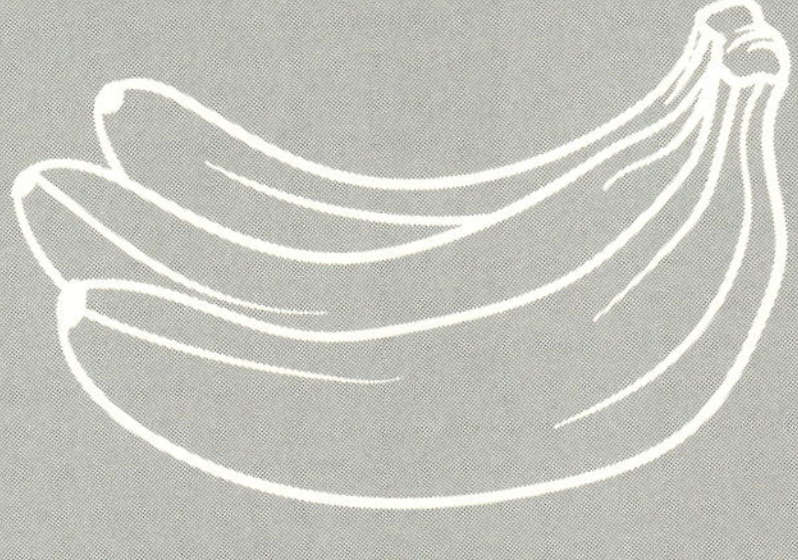

〝引き寄せ〟とは何か？

〝引き寄せ〟とは、あなたの願いが魔法のように急にどこからともなく現れるものではありません。実は、毎日の生活の中に当たり前のように溢れています。今、現実にあるものはすべて、誰かの内側の世界で想像されたものが外側の世界に現れただけに過ぎません。

例えば、ｉＰｈｏｎｅは創始者のスティーブ・ジョブズの頭の中にまずイメージとして存在し、それが形になり、現在、世界各国で日常的に使われています。「空を飛びたい」というライト兄弟の強い想いが飛行機という形になり、人は空を飛べるようになりました。このように、今、私たちが恩恵を受けている発明や製品はまずイメージとして誰かの頭の中でつくられ、次に企画書や図面として外側の世界に現れ、偶然のように見える大小さまざまな〝引き寄せ〟が起こり、必要な物事や情報が集まって形になっていきます。

先ほどのスティーブ・ジョブズは、ある日、大学の授業をサボって自分が履修していないカリグラフィー（装飾文字）の授業に出ます。その装飾文字の美しさに魅せられ、没頭するという想定外の〝引き寄せ〟をしています。「美しい文字と字間のパソコンをつくりたい」

という強い想いを抱いたことが、アップルコンピューターをつくったきっかけです。この出合いを〝引き寄せ〟ていなければ、今、iPhoneは世界に存在していないかもしれません。また、あなたも一度は使ったことがあるだろうポストイット メモは、製造中に失敗してしまい、粘着力が弱い接着剤ができてしまったことがきっかけで誕生したそうです。世界的な大ヒット商品を生むために〝偶然の失敗〟を〝引き寄せ〟たともいえますね。

このような著名人の逸話や開発秘話を聞いても、「それまでにはなかったもののイメージが形になっても当たり前」「偶然の奇跡が起こってもそれほど不思議じゃない」と、違和感を感じることはありません。実は、あなたの人生に起きている出来事についても例外なくそうなのですが、自分のことになると急に、「別世界の出来事で自分には起こらない不思議なこと」のように感じてしまう人も多いでしょう。

そこで、あなたが意識しているかしていないかに関係なく、自分の内側世界でイメージしたものが形になる時に起こる〝引き寄せ〟現象を、心理学や脳科学のデータを使い、実は当たり前のことだということをご説明していきましょう。

顕在意識と潜在意識（無意識）

ご存知の方も多いと思いますが、私たちの意識には、自分で気づいている〝顕在意識〟と、自分では気づいていない〝潜在意識（無意識）〟の領域があるといわれています。

顕在意識とは、自覚することができて、日常的に〝私はこんな人〟だと思っている部分です。〝思考〟と言い換えることもできます。「爽やかな天気で、今日は気持ちがいい」と感じたり、「今週末、何をして過ごそう？」と考えているのは、自分で自覚している顕在意識の部分です。そして、顕在意識はあなたが目を覚ましている時だけ働いています。

一方、〝潜在意識（無意識）〟は、自分では自

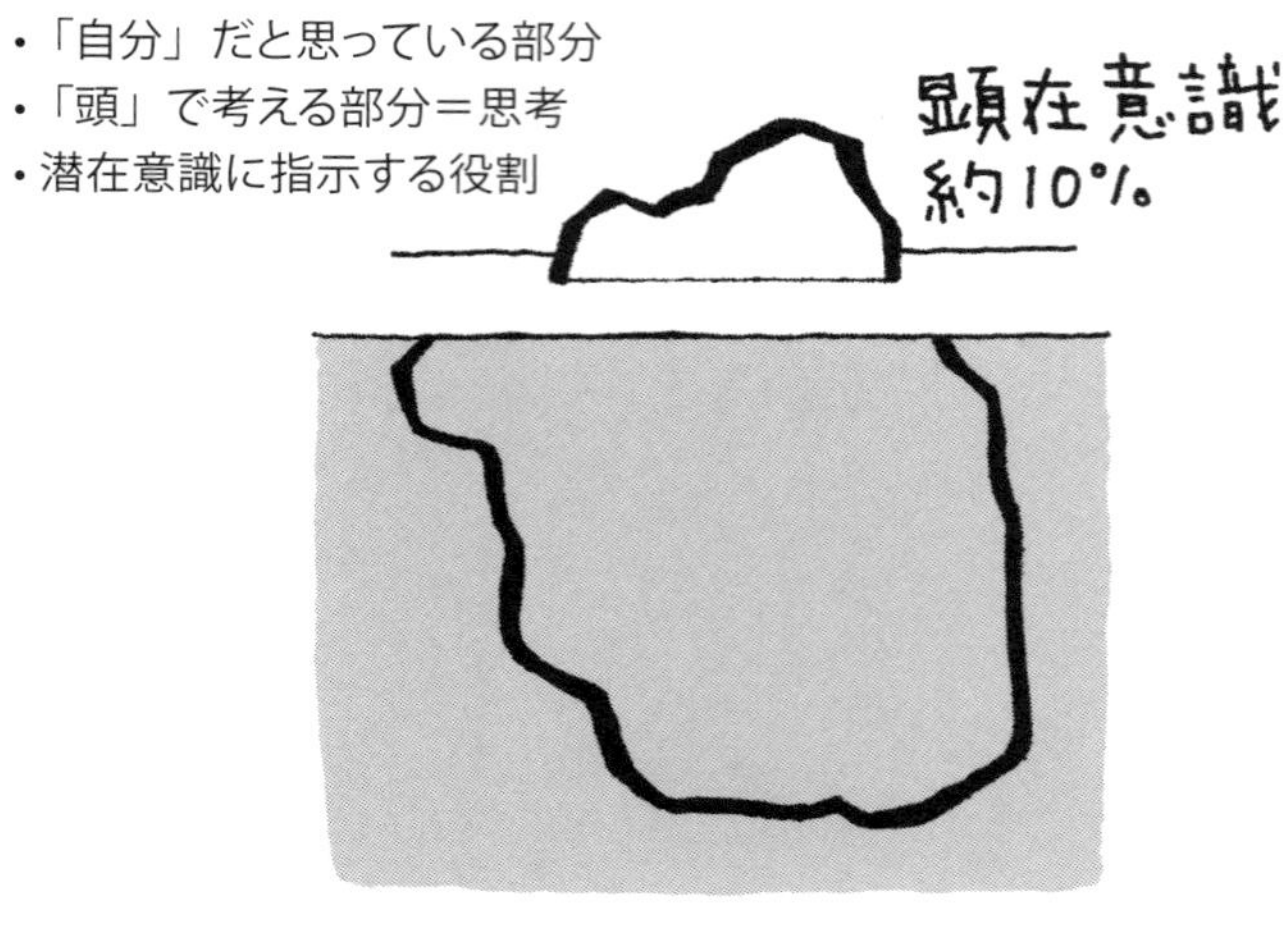

覚することができない部分で、生まれてから現在までのすべてのデータが保存されているといわれています。潜在意識の特徴は24時間営業で、休むことなく働き続けていること。睡眠中にみる夢も、潜在意識から現れてくるものです。この顕在意識と潜在意識（無意識）の割合は、顕在意識が約10％、潜在意識が約90％といわれており、潜在意識（無意識）の影響がどれだけ大きいかが一目瞭然ですね。

〝本人の記憶はなくても身体が覚えている〟という、潜在意識に保存されているデータの例をいくつか挙げてみましょう。

例えば、本書の著者の一人、ヒロミはバナナが嫌いです。この本を書いている時に、バナナに関するある出来事を思い出しました。それは、一歳の時に、赤痢にかかり入院したことについてです。

ある日、近所のおばちゃんがバナナを持ってきました。「ヒロミちゃん、食べなさい」とすすめられ、悪い予感がしたのか嫌がったところ、無理やり食べさせられたそうなのです。その後、お腹を壊したので母親が病院に連れて行くと、赤痢と診断されました。家は消毒され、当時、赤痢病棟があった京都の病院で菌が完全に体内から出るまで約1ヶ月入院したそうです。ヒロミ本人は写真があるだけで記憶がなく、母親から聞いた話しか知りませんが、大人になってもバナナが苦手なのは身体が覚えているからだと思うのです。

　また、なぜか〝水が怖くて泳げない〟という人の中には、小さな頃に溺れた経験がある人がいます。自分では溺れた記憶はないのですが、身体が記憶しているのです。

　実はヒロミもその一人で、こんな経験があります。幼少期に家族で海水浴に行った際、両親が手を添えたゴムボートで弟と一緒に沖に向かいました。すると、高波が押し寄せ転覆し、投げ出されたのです。浮き輪をつけていたので水面に浮上し、「助けて〜〜！」と泣き叫んでいたところ、浜から2人の若い男性が飛び込んで助けに来てくれましたが、こ

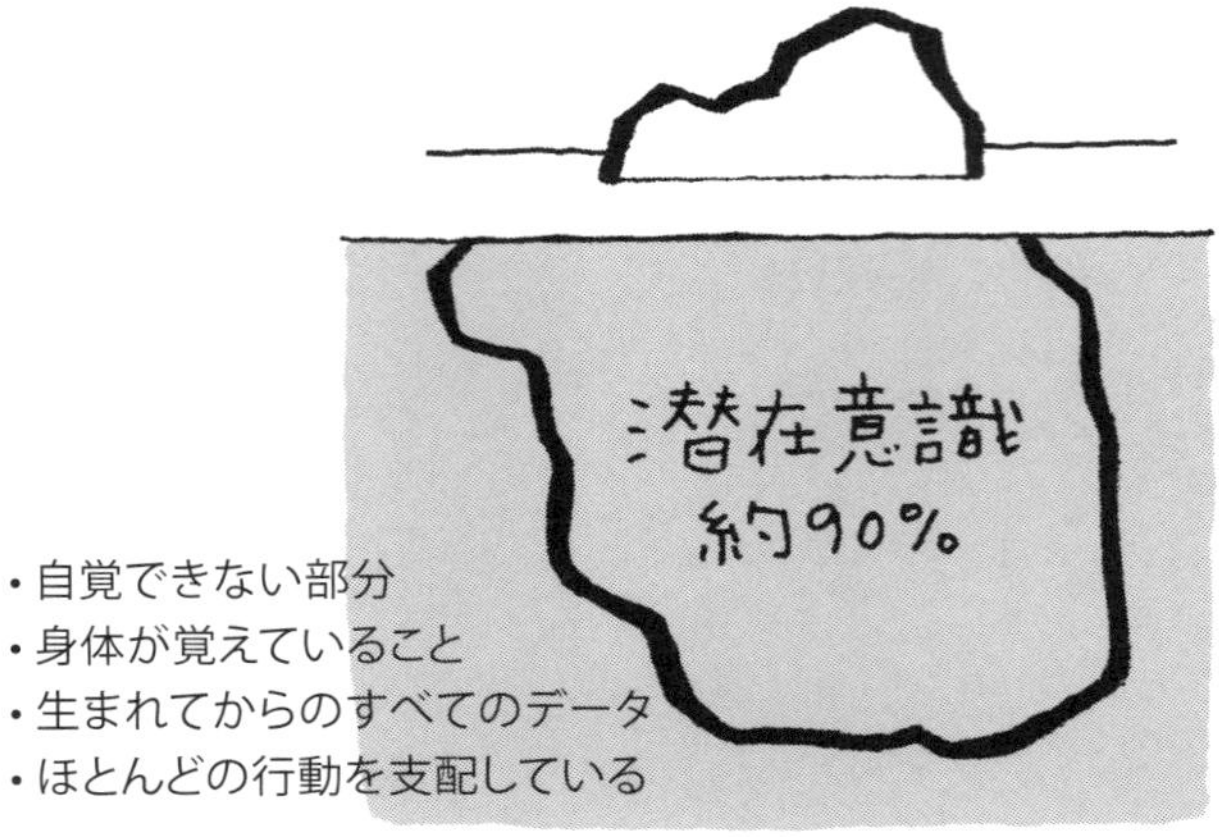

の男性がいなかったらどうなっていたか分かりません。弟は海の底に沈んでしまい、海底に助けに潜った父親が、弟がかぶっていた麦わら帽の色と同じ物をイチかバチかで掴んで浮上したところ幸いにも弟で、九死に一生を得たという事故があったのです。弟はこの後しばらくの間、銭湯に行って湯船につけようとするだけで大泣きしたそうです。

このように、潜在意識には自分では思い出せない記憶がたくさん保存されていて、人間の行動の多くはこの潜在意識に影響されているといわれています。

Point

潜在意識が現実世界に与える影響は90%。
自分が気づいていない深い部分に、〝思考のクセ〟〝嫌いな物、恐いもの〟〝覚えていない記憶〟などが眠っている。

「空気を読む」

スイスの精神科医・心理学者のカール・グスタフ・ユング（1875～1961）は、生まれてから現在までの忘れてしまった個人の記憶がすべて保存されている〝潜在意識（無意識）〟の奥には、他人と共有している〝集合的無意識〟が存在していると唱えました。アイデアなどが〝ひらめく〟時は、先人や他の人が蓄えた知恵まで保存されている、この〝集合的無意識〟からアイデアが上がって来ると考えられています。ですから、経営者やリーダーなどが、この要素を取り入れている例は多くあります。

また、母子間などでは潜在意識を共有している傾向が強くみられ、実際にヒロミも息子とまったく同じ夢を同時に見ることがよく起こります。ある時、新しい家に暮らしている夢を見たので、「今日こんな夢を見た」と息子に言うと、「僕も同じ夢を見た！」と言うので、2人で面白がってお互いどんな家だったか話し、本当に同じ夢なのかを確かめたことがあります。「今日こんな夢を見た」と話すのは年に1度のこともあれば、一週間に2度のこともありますが、息子が20歳前後で大人になった今でも同じ夢を見ることがあるので驚いています。

難しく聞こえるこの〝集合的無意識〟は、実は日本人にとっては馴染みが深く、普段から活用している身近なものです。

日本には「その〝場〟の全員の心を読む」という意味で、〝空気を読む〟という言葉が、日常的な表現としてよく使われていますよね。私たちは、感覚的にその意味を分かっているので、「今は静かにしたほうがいいかな」「あの人、悲しそうだからそっとしておこう」など、常に〝空気を読む〟ことを無意識におこなっています。そもそも〝空気〟は吸うもので〝読む〟ものではないので、考えてみればとても不思議です。この時、〝空気〟の意味は〝その場の空気間に漂う、集合的無意識〟のことを指しているのです。日本人はこの手法を寝ている時間帯だけでなく、起きている間も日常的に活用してきたといえます。そして、〝その場の空気間に漂う、集合的無意識〟が読めない人は、「空気が読めない人」なんていわれてしまうのですから、日本人は、集合的無意識を普段の生活に知らず知らずに活用している、世界でもめずらしい国民なのかもしれません。

欧米諸国では、言語を使ってハッキリと主張し討論することが良しとされていますので、空気を読むことはあまりないでしょう。ですから、欧米人にとって〝集合的無意識〟を活用するのは難しいことなのではないでしょうか。その分、興味の対象となりやすいため、研究が進んでいるのかもしれません。

〝引き寄せ〟の科学

「選択（チョイス）に注意！」

説明の前に、クイズを一つお出しします。
今から、制限時間10秒でやってみてくださいね。

（質問）この左の絵の中に、リボンをつけた女の子は何人いるでしょうか？

では、女の子は何人いたでしょうか？
正解は、８人です。

それでは、次の質問です。

（質問）前ページの絵の中に、バナナはどこに、全部で何本あったでしょうか？
※前のページを見ないで答えてくださいね。正解は、39ページの下部に記載してあります。

どうでしたか？「この絵の中に、女の子は何人いるでしょうか？」と問われた瞬間、あなたの脳は女の子を探そうと働き始めます。実は絵の中にはバナナの他にも、お父さん・お母さん・男の子・犬・猫・ドーナツ・おもちゃ・ボール・折り紙の兜・歯ブラシ・コップ・ゲーム・スマートフォン・棚・花瓶・本・植物・コーヒーカップ・テーブル・イス・窓・カーテンも〝ある〟のです。しかし、女の子だけに注意を向けたため、他のものは視界には入っていても認識しないので〝ない〟ように思いませんでしたか？　自分の注意がそこに向いた瞬間、前から〝あった〟ものが〝見えて〟くるようになるのです。

旅行に行きたい場所が決まると、手に取った雑誌や目にした広告などから、偶然、関連情報が目に飛び込んできた経験があなたにもありませんか？　また、手に入れたい車ができると、その車種がやたらに目につきだし、まるでその車の台数が増えたように思えてきたことはありませんか？　先ほどのクイズもそうですが、これは〝選択的注意〟と呼ばれている現象で、脳が効率的に処理するための機能なのです。私たちの脳は、五感を通じて入ってくる膨大な情報のすべてを一度に認識し処理することができません。ですから、重要だと思う情報だけを選択して、優先的に処理しています。

私たちは、視覚に入っているものをすべて〝見えている〟と自覚していません。絵の中のバナナも、行きたい旅行の広告も、欲しい車も、急に増えたり現れたりしたわけではなく、今までもずっと存在していました。しかし目に入らなかったのは、ただ脳が認識していなかっただけ。それを「意識的に選択しよう」と注意を向けたため、脳が重要な情報だと判断し、見えるようになるので、「急に現れた」「急に増えた」＝「引き寄せた！」という図式が出来上がるのです。

これは旅行の広告や、車に限ったことだけではありません。夢を叶えるための情報を提供してくれる人、応援してくれる人に出会ったりするのも、まるで〝引き寄せた〟ように感じるかもしれませんが、「以前からあったけど、見えていなかった」ものに注意を向けることで認識できるようになった、という同じ原理なのです。

〝選択的注意〟は、〝視覚〟だけではなく〝聴覚〟にも当てはまります。大好きなTV番組を集中して見ている時は、家族に話しかけられても聞こえてきません。逆に、騒がしいパーティー会場にいても、自分の名前や興味のある話題は、ちゃんと耳に入ってきますよね。脳は、あなたにとって重要な情報を選んでくれているのです。

認知心理学者である、ロンドンのロイヤルホロウェイ大学のダルトン博士らがおこなった研究をここで紹介します（引用文献①）。

男性2人と女性2人の4人がパーティーの準備をしながら会話をしている音声を、2グループに分けた被験者たちに聞かせました。その会話の音声の中に、「I am a gorilla（私はゴリラです）」と繰り返している男性の声が19秒間入った録音を準備しました。

「男性2人の会話だけに集中して聞くように」と指示されたグループは、90％が「私はゴリラです」という声に気づきました。しかし、「女性2人の会話だけを聞くように」と指示されたグループは、男性の会話に注意を向けていなかったため、「私はゴリラです」という男性の声に大半が気づきませんでした。

次に両方のグループに、「男性の声で、何か変わったことがないか注意して聞いてください」という指示が与えられ、もう一度同じ会話を聞かせました。その結果、全員が「私はゴリラです」に気づきました。

この実験から分かることは、〝何に注意を向けるか?〟で、普段なら明らかに聞こえてくるものが聞こえてこなかったり、あるいは逆に聞こえていなかったものが聞こえてくるようになったり、私たちが思っている以上に、脳で認識される聴覚情報も変わってくるということです。

このように私たちの脳は、膨大な情報の中から、一部だけを選択し認識しています。しかし、周りの人に繰り返し言われることで、自分では気づかないうちに、〝望まない〟選

択をしてしまうようなケースも起きています。例えば子どもの頃、次のようなことをよく親や大人から言われた経験はありませんか？


「忘れ物はない？」

「そんな危ないことやめなさい！」

「身体が弱いんだから、無理しちゃだめよ」

「なんでそんなこともできないの？」

「わがまま言わないの！」

「○○ちゃんはいい子なのに、どうしてあなたは悪い子なの？」

「汚したらダメ」

「ケンカしちゃダメ」

「飛び出しちゃダメ」

「嘘ついちゃダメ」

「イタズラしちゃダメ」

「グズグズしないの！」

「女の子なんだから、おしとやかにしなさい」

「男の子なんだから強くならないと！」

「お姉ちゃん（お兄ちゃん）なんだから我慢しなさい」

「ムダ使いはやめなさい」

「どうしてそんなにのろまなの？」

「今がんばらないと一生苦労するわよ」


このような言葉を耳にし続けた結果、あなたの注意は、「忘れ物」「危ないこと」「身体が弱い自分」「できない自分」「わがまま」「悪い子」「汚す」「ケンカ」「飛び出す」「嘘」「イタズラ」「グズグズ」「おしとやかでない自分」「弱い自分」「我慢」「ムダ使い」「のろま」「苦労」に向くことになります。そして、脳はそのような情報を探そうとするので、それらをいつのまにか〝引き寄せ〟ることになります。

大人になってからも、日常生活の中で私たちはさまざまなものに注意を向けさせられています。例えば事故や事件、環境破壊、経済不安などに関するニュースを見たり記事を読んだ時に、もしもあなたが必要以上に気にし過ぎているとしたら、あなたの注意は「事故や事件、環境破壊、病気、経済不安」に向くことになり、世界は「ひどい世の中」に見えてくるでしょう。そして厄介なのは、私たちは〝意識的に選択する〟よりも、知らず知らず無意識に選択していることのほうが多いので、脳がどういう情報を重要と捉え、優先的に処理しているかを自分ではほとんど自覚していないということです。

どんな選択（チョイス）をすると、どういうものが見えてくるかを示す分かりやすい例として、インターネットの画像検索があります。インターネットには膨大な情報があり、すべてを見ることは到底不可能です。検索エンジンを使ってキーワードを入れると関連情報だけが出てきますが、どんな画像が出てくるかは選ぶキーワードによって決まってきます。いくつかの例を見ていきましょう。


「事故現場」

「環境破壊」

「自然」

「豊かさ」

この４つのキーワードを検索するとどうなるでしょうか？

①「事故現場」というキーワードを入れると…

②「環境破壊」というキーワードを入れると…

③「自然」というキーワードを入れると…

④「豊かさ」というキーワードを入れると…

もし、あなたが自分の望むこと、例えば調和、健康、自然、豊かさ…といった内容を意識的に選び、注意を向けられるようになれば、「健康でゆったりとしている自分、そして安全で豊かな世界」が見え出してくることでしょう。

女の子の数を数えるクイズで体験してもらってお分かりだと思いますが、脳は質問されたことを探し出そうとします。「今日は、どんな嫌なことがあった？」と聞くと、脳は〝嫌なこと〟を探し出します。「今日はどんな良いことがあった？」と聞くと、〝良いこと〟を探し出します。自分の望まないものではなく、**〝望むものに意識的に注意を向ける習慣をつけること〟**はとても大切です。私たちは日常、つい自分の望まないものごとばかりに注意を向けて、その情報を集めた結果、それらを〝引き寄せ〟てしまいがちなのです。

親や他人から言われたこと、周りからの情報、そして自分の習慣的な思考癖で無意識に望まないものを選んできたことに気づくと、〝選択（チョイス）〟を、望むものに意識的に変えることができるようになってきます。そうすると、「望まない」ことではなく「望む」ことを〝引き寄せ〟るように変化していくのです。しかし、「何に注意を向けるか」がとても大切だということが分かっても、この選択（チョイス）を「望むもの」に変えることが、実はとても難しいのです。

あなたの思考を、一度観察してみてください。例えば、あなたが子どもの頃から人前で話すのが苦手でいつも緊張していたなら、今でも人前で話す時に「緊張してはいけない。緊張しないようにしよう。」と、望まないことをつい何度も考えてしまい、余計に緊張してしまう経験があるかもしれません。このように、長年の習慣で「望まないこと」につい注意が向いてしまう思考癖が、あなたの中で絶えずグルグルと繰り返されていませんか？

例えば、「バナナが好き」を選択(チョイス)すると、バナナを〝引き寄せ〟ます。ところが、「バナナは嫌い」を選択しても、結果的にバナナを〝引き寄せ〟てしまうのです。バナナの例のように、「○○は嫌い」というのは結局、「○○」を選択するのと同じ結果になってしまいます。同様に、「遅刻してはいけない」「忘れ物してはダメ」など望まないことに注意を向けても、「遅刻」や「忘れ物」を〝引き寄せ〟てしまいます。「貧乏は嫌」「ひとりぼっちは嫌」も、「貧乏」や「ひとり」を〝引き寄せ〟てしまうことになります。ですから、「時間通りに到着する」「必要なものは全部持った」などのように、「○○」に望むものを入れて注意を向けることが重要です。

これまでは、「上手くいくはずがない」「お前には無理だよ」「世の中そんなに甘くない」など、人から言われた「望まない」ことや、「男は男らしく」「女性は女性らしく」などの社会常識、あるいは、「一度始めたら最後までやり遂げるべき」「気が進まない付き合いでも断るべきではない」など良い悪いに基づいて「○○」に入れるものを「選択」していたかもしれません。**これを、〟自分が本当に望むこと〟に注意を向けた選択に変えることができると、劇的に見聞きできるものが変わってきます。選択するものを、「人から言われた望みではなく、意識的に自分で決める」ことが大切なのです。すると、脳が重要だと判断して、優先的に処理する情報が変わってきます。**

なぜかいつも運が良くて、〝引き寄せ〟がスイスイできる人と、自分の望むものを上手く〝引き寄せ〟られない人の大きな差がここにあります。自分の望んでいるものを、〝引き寄せ〟られない人は、おそらく、気づかないうちに望まないものに注意を向けているので、望まないものを〝引き寄せ〟てしまっているのでしょう。まさに「思考は現実化」しているのです。

意識的、無意識的に関わらず、何に注意を向けて選んでいるかは、自分の現実を見れば分かります。あなたの現実が、先ほどの「画像検索」結果を映し出すスクリーンです。「そんなはずはない！　こんなことは望んでいない」と思う現実がもしあるとしたら、それはあなたが自覚なく、無意識で選んでしまっていたということになります。ですので、現実という「スクリーン」を変えたければ、「検索キーワード」をあなたの望むものに変えることです。

ただ、「どうしても叶えたい」という強い想いがあるもの、例えば人間の願望の上位に位置している〝お金〟〝人間関係〟に関するものになると執着が強いので、なかなか最初はうまくいきません。執着が強いとなぜ叶わないかというと、「執着」とは「怖れ」だからです。「〇〇が絶対欲しい！」というのは、言い換えれば「〇〇がなかったらどうなってしまうだろう…」ということです。

例えば「今月の支払いが足りるだろうか。お金がもっと欲しい。」と毎月感じている場合は、お金が〝ある〟ことを望んでいるのにも関わらず、〝ある〟ことについては想像すらしていません。「お金が欲しい」「宝くじが当たらないだろうか」「どうしたらお金を手に入れられるだろう」「足りなかったらどうしよう」という具合に、一日中お金が〝ない〟という望まないことばかりを強く考え続けている毎日が続きます。すると、その考えはおのずと行動と結果に影響して、お金が〝ない〟毎日を〝引き寄せ〟てしまうことになります。

そこで、「日常とは離れた、〝欲しい〟という強い執着のないもの」を選択して注意を向けるということを意識的にやってみるのがパート2で紹介する、「実験①バナナの引き寄せ実験」です。今までもそこら中に溢れていたけれど、注意を向けなかったために見えていなかったバナナに注意を向けることで、驚くようなバナナ遭遇体験をすることになります。注意を向けたものが〝どのように現れるか〟は、想像していたものと違う想定外の方法でやってくるケースもあることを体感するはずです。この体験を重ねるうちに、強い執着がある〝お金〟

や、強烈に〝欲しいもの〟に注意を向けて発見し、それを手にするコツを掴んでゆくこともできるようになります。

「バナナの引き寄せ実験」をきっかけに、毎日、「望むもの」を意識的にチョイスして、あなたの脳にオーダー（指令）を出してみてくださいね。

Point

脳は、入ってくる情報をすべて一度に処理することができない。見るものや聴くことなど、本当に自分が望むものを意識的に「選択」することが大切。

答え）バナナは３本、テーブルの上にありました。

潜在意識は主語が誰か分からない……

人間の意識の90％以上を占めているといわれている、潜在意識。ここには私たちが想像もつかない力があり、知っておいたほうが良い特徴がいくつかあります。

『〝引き寄せ〟の科学　選択（チョイス）に注意！』の中で、「バナナが好き」も「バナナは嫌い」も、どちらも「バナナ」を〝引き寄せ〟てしまう、というのもその一つ。潜在意識にとって、「好き」か「嫌い」かは関係ないということです。そして、もう一つ覚えてもらいたい大きな特徴は、「潜在意識は主語（誰が）が分からない」ということです。

例えば、「私が立ち上げるビジネスが上手くいけばいいな〜」と願うのも、「私の友達が立ち上げるビジネスが上手くいけばいいな〜」と願うのも、潜在意識には「上手くいく」だけが伝わります。対象が、「私」なのか「私の友達」なのかは関係ないのです。ですから、周りの人の幸せを願うことができるようになると、あなた自身が幸せになり、上手くいくようなことを〝引き寄せ〟ていきます。逆に、「あの人のビジネスなんて失敗すればいいのに！」と思っているとすると、あなたの潜在意識には誰が失敗するかは伝わらず、「失敗する」というメッセージだけが伝わってしまうので、あなたが失敗を〝引き寄せ〟ることになります。

ただ、人間は完璧ではありません。人を羨ましく思ったり、人の成功や幸せを望めないことだってあります。

例えば、「私にひどい仕打ちをしたAさんが、私より幸せになるなんて許せない。だからAさんは不幸になって、私は幸せになりますように！」と思っているとしましょう。しかしこれでは、「不幸」と「幸せ」の両方を望んでいるようなもので、お互いに打ち消し合い、「幸せ」を〝引き寄せ〟ることはできません。しかし、そんな時にネガティブな思いを無理やり打ち消そうとしたり、ポジティブに切り替えようと頑張っても、逆効果になってしまいます。

潜在意識には、あなたの「本音」が伝わります。ネガティブな感情はごまかしても長引くだけなので、そういう時はまず第1ステップとして、その思いや感情を味わい、認めることから始めてください。こんな時に有効な、一つの方法をご紹介しましょう。

まず、あなたの本音や正直な気持ちを思いつくままを紙に書き出してみます。これは、心という見えない部分にあるものを外側の世界に出して、客観的に見るための作業です。その後は、ビリビリ破って捨ててください。

「ビリビリと破って捨てる」という、五感の中で三つ（視覚・聴覚・触覚）を使った実際の行為が、手放したい思いや感情を心からも「捨てて」くれるので、心が解放され軽くなる効果があります。また、布団や車、あるいはお風呂の中など、誰にも聞かれない安全な場所で、大声で思いっきり叫ぶ（聴覚）のも抑え込んだエネルギーを発散するのに効果的です。つまり、目に見えない本音を書き出したり声に出し、五感を使って実際に目で見て耳で聞いて身体で感じて消す作業をしてみるということです。

自分の正直な感情や本音を認めることができ、心が少し軽くなったと思えたら、次のステップとして、自分の「幸せ」に注意を向けるようにしてみてください。どんな状態が自分にとって幸せかを思い描き、その時どんな気分なのかイメージをしてみるのもよいでしょう。Ａさんのことを思い出した場合は、「あ、また出てきた」と、まだ感情が残って

いたことを認め、「ありがとう。また私の心から消えていきます。」と心が軽くなるイメージをし、Aさんに向いていた注意を自分の「幸せ」に意識的に戻します。

これをいつも繰り返していると、そのうちにAさんは出てこなくなっていきます。そして自分の「幸せ」にいつも注意を向けることで、実はAさんの「幸せ」も願っていることになっています。なぜなら、前述の通り〝潜在意識は主語が誰か分からない〟からです。

この潜在意識の特徴を理解できると、人に対して心で思っていることだけではなく、人に対して普段何気なく使っている言葉も想像以上に自分に影響を与えていることに気づくことができます。「素晴らしいね」「すごいね」「さすがだね」などの言葉を人に対して頻繁に使っている人は、それを自分自身に言っているのと同じことになります。逆に、「お前はアホでバカだ」「あの人、最低」「あの子、嫌な性格！」などと言っているとしたら、「アホバカ」「最低」「嫌な性格」なのは自分だということになっていきます。

自分がいつもどういう言葉を人に使っているか、一度観察してみてくださいね。

〝引き寄せ〟の科学

「知らず知らず、プライミング効果」

私たちは日々の生活の中で、さまざまなことを自分自身で頭で考えて行動していると思っています。

例えば、「天気予報で雨の確率が80％だと言っていたから、今日は傘を持って行こう」と思って傘を準備する。「昨日、友人のAちゃんからメールが来ていたから返信しておかないと…」と思い出してメールの返信をする、というような行動です。しかし、いつも「考えて（意識して）」行動をとっているわけではありません。実は、「考えずに（無意識に）」おこなわれる活動や行動の方が圧倒的に多いのです。

1つの例として、身体の機能や反射が挙げられます。

私たちは心臓を動かそうとしたことはありませんし、「息を吸わないと死んでしまう！」と思って呼吸をしているわけではありません。熱い物を触った時に思わず手を引っ込めてしまうのも、何かが目に入りそうになったら勝手に目をつぶってしまうような〝無条件反射〟も、意識せずにおこなっています。一方、〝条件反射〟と呼ばれる、経験や訓練から学習したことにより反応する現象も、意識しておこなうわけでありません。ある音を聞かせてから犬に餌を与えると、犬はその音を聞いただけで無意識に唾液を出すようになるという「パブロフの犬」の実験が有名ですが、梅干しを見ると唾液が出てくることもこの〝条件反射〟の一例です。梅干しを食べたことのない人は、梅干しが酸っぱいという経験をしたことがないので、唾液は出ないのです。

学習によって体得した運動機能にもあてはまります。例えば、箸を使う時、「まず、親指と人差し指、中指の3本だけを使って箸を持ち、中指の第1関節あたりを箸のこの辺りに置いて…」などと考えることはありませんね。箸の持ち方を教えてもらった時には意識しましたが、学習して体得してしまうと考えなくてもその動作はできるようになります。車の運転をしながら会話ができたり、ピアノを弾く時に何度も練習した曲なら勝手に指が動くというのも同じ例です。

さらに、習慣化した行動も意識していません。歯を磨く時、どのタイミングでコップに水を汲むとか、歯はどちら側から磨くかなど、普段は意識せずにおこなっています。その他にも、他人から指摘されて初めて気づく口癖や、歩幅、靴をどちらの足から履くかなど、普段は意識しないでおこなうことの方が実は圧倒的に多いのです。

最近では無意識の研究が進み、人間の「自覚しない」行動についてもさまざまなことが解明されてきています。この章では、この「自覚しない行動」に影響を与える「プライミング効果」という作用を紹介していきます。

この「プライミング効果」は、心理学用語で、「先行する刺激（プライマー）の処理が、後の刺激（ターゲット）の処理を促進あるいは抑制させる効果」と説明されます。簡単に説明すると、「事前に与えられた刺激や情報が、その後の思考や行動に無意識のうちに影響を及ぼす」作用です。

例えば、連想ゲームを始める前に何気なく果物の話をしていると、連想ゲームが始まって「赤いもの」と言われると、とっさにリン

習慣は「自覚しない」行動

ゴやイチゴを思い出す確率が高くなりますし、連想ゲームの前に車の話をしていた場合には、「赤いもの」と言われると「スポーツカー」や「赤信号」という答えが出てきやすくなります。これらは分かりやすい「プライミング効果」の一例です。

前もって与えられた視覚情報が、自覚のない行動にどれだけ影響を与えるかという研究報告をいくつか一緒に見ていきましょう。「信じられない」と、驚くかもしれません。まず、言葉による影響についての研究を紹介します。

アメリカの社会心理学者であるバー博士は、単語を並び替えて文章をつくるテスト問題に、「心配した（ｗｏｒｒｉｅｄ）」「寂しい（ｌｏｎｅｌｙ）」「シワ（ｗｒｉｎｋｌｅ）」など、「高齢者」を連想させる言葉を入れました（引用文献②）。そして、Aグループにはその言葉を入れ、Bグループには入れずに、２グループに分けて実験をおこないました。この実験で測定したのは、テスト自体ではなくテスト終了後に部屋を出て廊下を歩く速さ。「高齢者」に関連する言葉をプライミングされたAグループは、Bグループよりもテスト終了後に歩く速さが遅くなったのです！

被験者達は、特定の言葉が選ばれていたことも、試されているのが実は歩く速度であることも、もちろん知りません。しかし、「高齢者」に関連する言葉に知らず知らずに影響され、実際に歩く速度が遅くなりましたが、そのことにさえも自分では気づいていませんでした。

次の研究は、「高いパフォーマンス」に関する言葉をプライミングされた例です。2001年に発表されたバー博士らの研究では、「成功」「勝利」「達成」など「高いパフォーマンス」に関連する言葉をプライミングされたAグループと、そうでないBグループに単語探しのパズル課題を出しました（引用文献③）。その結果、「成功」「勝利」「達成」などの語をプライミングされたAグループの得点の方が、Bグループよりも高くなるという結果が出たのです。この結果も先ほどの実験結果と同じく、Aグループの被験者は「高いパフォーマンス」に関連する言葉が意図して使われていることには気づかず、知らず知らずパフォーマンスが上がっていたということです。

写真がプライマー（先行する刺激）として使われた興味深い研究報告もあります。トロント大学の人材マネジメントの研究者であるシャンツ博士らは、大学の資金集めをするコールセンターの従業員に、写真を用いたプライミング効果の実験をおこないました（引用文献④）。前もって読むように指示された大学資料の背景に、女性ランナーがトップでゴールをしている写真を入れた場合、写真を入れなかった場合の2パターンをつくりました。そして、その後の仕事のパフォーマンスにどれだけの影響を与えるかを調べたのです。

大学資料を読んだ後、「最善を尽くしてください」と指示された従業員達は、大学の資金の寄付を募る電話をかける業務に3時間取り組みました。その結果、背景に写真を入れたグループの方が、平均で約1・4倍の資金を集めることができたのです。

「達成」「ゴール」をイメージさせる、「女性ランナーがトップでゴールをしている写真」は、本人の気づかないところで無意識に影響を与え、仕事のパフォーマンスにまで影響を与えました。この実験結果は、一枚の写真でプライミング効果が期待できる可能性を示してくれています。

しかし「女性ランナーがトップでゴールを

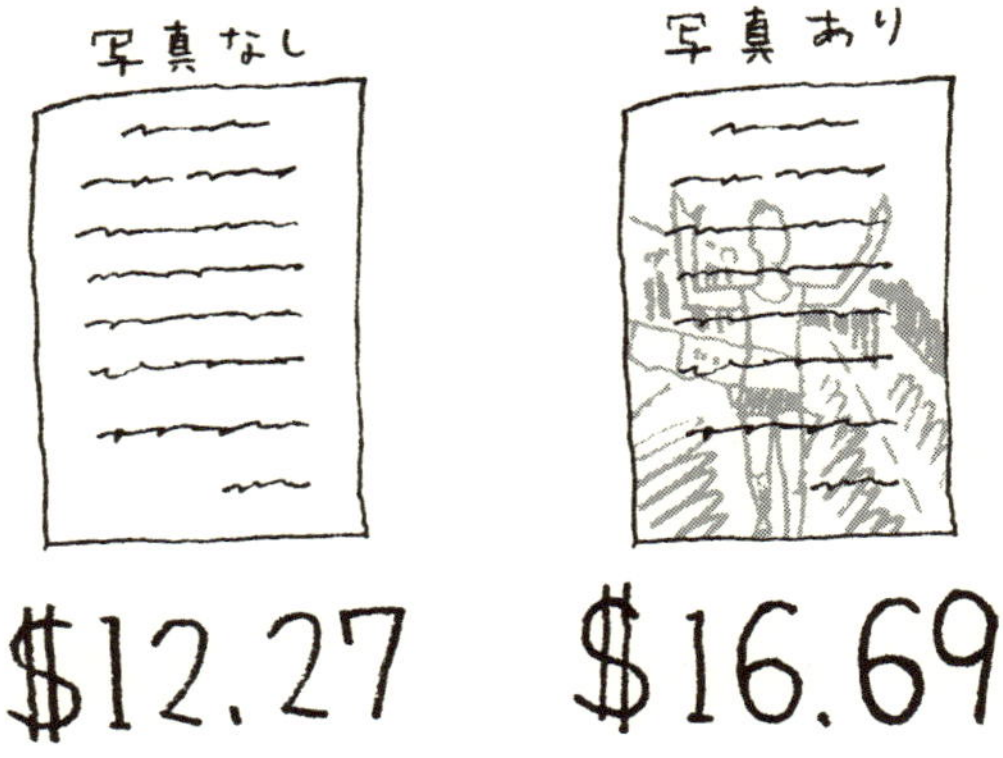

<プライミング効果実験>

している写真」をプライマーとして使うことだけで、どうしてこれだけ差がでてしまうのか、不思議に思いませんか？　自覚のない部分で、どのように行動が変わっているのでしょうか？　これは推測ですが、例えば、知らず知らずのうちに、電話をかける従業員の声のトーンが明るくなり、お客さんに好印象を与えたのかもしれません。あるいは、無意識に自信が増し、話し方も変わっていたかもしれません。さらには、断られても諦めないで次から次へと電話をかけることができたのしたかもしれません。「達成」というゴールに向かって、本人も気づかないところで、なんらかの行動が変わっていったことは明らかです。ではこの時、電話の相手、すなわち寄付を頼まれた側の人に何が起きて結果に違いが出たのでしょうか？それを今調べることはできませんが、ヒロミがある日、デパートで寄付を頼むよう指示されている3人の店員に連続して接客を受けるというめずらしい体験をしたのでお話します。

数年前、ハワイ旅行に行った際、あるデパートのバーゲンでアクセサリーを購入した時の出来事です。アクセサリーを1つ購入した後で、2つめ、3つめを購入し、全部で3回、別々の店員に支払いをしました。この時、最初の親切な店員さんに、「お釣りの87セントを寄付してくれませんか？」と明るく聞かれたので、「もちろんOKです！」と答えました。精算画面に寄付をするかどうか、YESかNOを選ぶ画面が出たので、YESにチェックを入れました。２人目の若くて美人の店員さんも同じことを聞いてきたので、同じようにYESと答えました（後で知ったのですが、この寄付は、同年にアメリカを襲ったハリケーンで被害を受けた地域への寄付だったそうです）。そして、３人目の店員さんは、「寄付をお願いできますか？」と、尋ねてこなかっただけでなく、対応がいまひとつで、YESかNOかさえヒロミに選ばすこともなく精算を終えて、レシートとお釣りを渡してきました。この時、もし3人目の店員に「お釣りの端数を寄付していただけますか？」と同じように明るく頼まれていたら、迷うことなく寄付したでしょう。しかし、仏頂面で対応した3人目の店員さんは、寄付を頼まなかったのです。「寄付はしなくていいんですか？」と、こちらから尋ねようと一瞬考えたのですが、その店員さんの表情や声、態度がとても不機嫌そうだったので、聞く機会を逃したまま支払いを済ませてしまいした。

仏頂面の店員さんがなぜ寄付を頼まなかったかは謎ですが、先ほどの大学資金集めの実験でも、寄付を頼まれる側は、電話オペレーターの声のトーンや話しかたなどでYESかNOか、答えが大きく変わったのではないかと思うのです。明るく親切に頼まれると寄付しやすいけれど、暗く不機嫌に頼まれると、気が進まなかったり、確認したいことがあっても言い出しにくく、「今回はやめておこう」となるかもしれません。先ほどの実験で、寄付を頼まれた側には、このデパートの例のような心境の違いが起こり、寄付するかしないかの結果に違いが出たのかもしれません。

ここまで紹介した3つの実験では、プライマー（先行する刺激）として使われた言葉や写真によって、高いパフォーマンスを引き出したり、多くの資金集めに成功したり、歩く速さが遅くなるなどの結果がでました。これは、被検者たちが意識しておこなったことではなく、本人が自覚しないところで、行動にまで影響を与えられているということです。

このような、外的な環境の刺激によって動機づけが無自覚に起こり、人間の行動に知らないうちに影響を及ぼす動機付けを、バー博士は、〝自動動機（auto motive）〟と名付けました。自動動機やプライミング効果の研究は近年、盛んにおこなわれています。

次は、聴覚に関するプライミング効果の例を紹介しましょう。ちょうどこの本の原稿を書いている最中に、「これぞ、まさにプライミング効果！」という体験をしたので、その時のことをお話します。

執筆に集中するために、私たち2人はホテルの部屋にこもってずっと仕事をしていました。真由美が気分転換にそのホテルのショップに行った時、BGMにかかっている曲がふと耳に入ってきました。「素敵な曲…」と思い店員に尋ねると、その曲はショップで販売されているCDに入っている内の1曲だと言うので、そのCDを購入してみたのです。そして部屋に戻ってきて、すごいことに気づいたのです！　真由美が「素敵な曲…」とショップでふと気にとめた曲は、なんと、私たちが滞在している部屋でずっと流れていたホテルのプロモーション動画のＢＧＭに使われていた曲だったのです。「知らなかったの？　知っていたから買ったと思ってたわ！」とヒロミに言われたのですが、もちろん、真由美は同じ曲だと気づいて買ったわけではありません。聞こえてきた瞬間に「なんとなく素敵」と、ふと感じたのです。部屋でＢＧＭとしてずっと流れていた曲がプライマーとして無意識に働きかけ、自分では気づかないうちに「なんとなくこの曲素敵…」と選んでいたのです。

このように私たちは、毎日の生活の中で見ているものや聞こえてくるものに、自分では気づいていなくても、行動にまで影響を受けています。良い影響も悪い影響も、知らないうちに両方受けているのですから、気をつけなくてはいけません。ですが逆に、上手に利用することもできます。これは、あなたが自分で普段見ているもの、聞いているもの、使っている言葉などを意識して変えていくだけで、得られる結果が大きく変わる可能性があるということです。「自分の望むもの」に囲まれるような環境を意図してつくることができれば、後は、知らず知らずにその方向に向かって自覚せずに行動が起きていくのです。

プライミング効果の実験では、被験者がプライミングされていることに気づかないことが条件なのですが、自分自身の人生をより良くするために、自分自身をプライミングすることも工夫しだいで可能です。

例えば、携帯の待ち受け画面を、あなたの夢を思い出させてくれる写真に変えたとしましょう。しばらくは意識して見ていますので、この時点ではプライミング効果を期待することはできません。しかし、しばらくしてその待ち受け画面に慣れてくると、徐々に注意が向かなくなり、そのうちにすっかり見慣れた「背景画面」のようになります。そうなった時から見ている自覚がなくなるので、プライミング効果が期待できるようになります。なんとなく見えていても注意を向けることのない画像や言葉に、無意識のうちに影響を受け、その結果、自覚のない行動が知らず知らず起こってくるプライミング効果をぜひ、活用したいものです。

プライミング効果は、写真や言葉などの視覚情報だけではなく五感を通じて入ってくるすべての刺激や情報にあてはまります。先ほどの例のように、BGMでいつも流している音楽、自宅で使っているアロマなどの香り、いつも使っているバスタオルの肌触りなど、五感を通じて入ってくるすべての刺激や情報がプライマー（先行する刺激）になり得るでしょう。プライミング効果を自分自身に上手に使えるようになると、自覚のない行動が起こるので、自分では必死で何かをおこなったという印象がありません。しかし、「知らず知らず」のうちに実はしっかり行動をすることができるようになっているのです。

〝引き寄せ〟体験でよく聞かれることに、「自分では特に何もアクションを起こしていないのに、夢が叶った」などがあります。これは、「去年つくってすっかり忘れてしまっていた、夢リストが引き出しの奥から出てきたので見てみたら、知らないうちにそのいくつかが叶っていたのでびっくりした」と同じです。本人にとっては、まるで「自分は何もしていないのに、魔法のように不思議な方法で叶ってしまった」という体験談になるのですが、これは何も行動を起こしていないわけではなく、自覚せずに行動を起こしていた可能性が大いに考えられます。自分で自分にプライミングをかけたことにも、もちろん気づかずに…。

パート2の〝引き寄せおもしろ実験〟では、このプライミング効果を使った実験も紹介しているので、ぜひ試してみてくださいね。

Point

知らず知らず、周囲の環境に私たちの行動や生活は影響されている。
プライマー（先行する刺激）を上手く活用することで、人生を望む方向に変えることができる。

どちらが効果的？ 顕在的動機づけvs潜在的動機づけ

先ほどの、「女性ランナーがトップでゴールをした」写真を使った実験は、本人が気づかないところで動機づけられるプライミング効果だけではなく、意識的な目標設定も組み合わされた研究です。前章ではプライミング効果だけについて述べたのですが、ここでは実験結果すべてを紹介します。

実験では、写真を使う場合、使わない場合に加えて、「最善を尽くしてください」という曖昧な目標と、「１２００ドル集めてください」という明確な目標を指示として与えた場合、どのような違いが出るかも測定されました。実際に、大学の資金集めをするコールセンターの従業員は、次ページのように全部で４グループに分けられました。表の結果が各グループの平均金額です。

＜プライミング効果 実験＞

どのグループが一番結果を出せたでしょうか？

	直接の指示（意識的）	写真（無意識）	結果
グループ①	「最善を尽くしてください」	なし	12.27ドル
グループ②	「最善を尽くしてください」	あり	16.69ドル
グループ③	「1200ドル集めてください」	なし	17.20ドル
グループ④	「1200ドル集めてください」	あり	20.67ドル

実験結果

最も多く資金を集められたのは……

グループ④
プライマー（写真）　▶あり
直接の指示（意識的）▶あり

この実験結果から分かることが3つあります。

1つ目は、「女性ランナーがトップでゴールをしている」写真をプライマーとして使った場合の方が、そうでない場合に比べて、パフォーマンスが高くなったこと。これは、「達成」「ゴール」をイメージさせる「ランナーがゴールしている写真」が、本人の気づかないところで無意識に影響を与え、仕事のパフォーマンスにまで影響を与えたことになります。1枚の写真でプライミング効果が期待できる可能性を示してくれています。

2つ目は、「最善を尽くしてください」という曖昧な指示よりも、「1200ドル集めてください」という具体的で高い目標を与えられた時の方が、成績が高くなったことです。これは、レッスン2で説明した、「選択（注意）を何に向けるか」とも関係しています。1200ドルという数字は、過去の成績の中で、上位10％の人だけ達成できた数字で、「高い目標ではあるけれど、決して不可能ではない」という目標として示されました。最善を尽くすという「曖昧なゴール」に注意を向けるか、1200ドル集めるという「具体的で（不可能ではない）高いゴール」に注意を向けるかで、その後のパフォーマンスが変わったのです。

3つ目は、顕在的（意識的）な動機付け＝「1200ドル集めてください」という指示と、潜在的（無意識）な動機付け＝写真の使用の組み合わせがもっとも高いパフォーマンスを示したことです。これは、具体的な目標とプライミング効果を両方組み合わせると、一番効果的であるということを教えてくれています。

この実験結果を参考にするのであれば、あなたが自分の「望むもの」を手に入れようとする時も、両方を活用するのが効果的ということです。日々の生活に取り入れるのであれば、

★顕在的な動機づけを活用

↓「何に注意を向けるか」を具体的にいつも意識して選ぶ。

★潜在的な動機づけを活用

↓ 自分にプライミングをかけられるように、住環境や職場環境を工夫する。

この2つを、ぜひ意識してみてくださいね。

"引き寄せ"の科学

「ビジュアライゼーション」（visualization）

真由美とヒロミ、私たち2人がジョセフ・マーフィー博士の本に出合って衝撃的だったことは、**「望むことをもうすでに叶っているかのように、ありありとイメージできれば、その願いは叶う。あなたはどうやって叶うかという方法を考える必要はない。それは潜在意識に任せればいい」**と、書かれてあったことです。

「イメージするだけで夢が叶うなんて信じられない」と思いながらも、書かれてある通りに素直にやってみたら、「想定外」の方法で本当に願いが叶った経験が私たちには何度もあります。当時はなぜ効果があるのかも分からず、謎のように思えた多くのことが、今では科学的に解明されています。

神経活動に伴う血管中の血流量の変化を測定することができる、「機能的核磁気共鳴画像法（fMRI）」などの新技術開発により、健常な人間を使ってさまざまな脳の活動に関する研究が可能になりました。そして今では、**「脳は実際に起こっていることと、イメージし**

ているとことを勘違いしやすい」ことが明らかになっています。

日本語では「イメージ」と言いますが、英語では〝ｖｉｓｕａｌｉｚａｔｉｏｎ＝ビジュアライゼーション〟という表現が使われています。〝ビジュアライゼーション〟とは、「ある状態や出来事を、頭の中で思い描くこと、イメージすること」であり、ビジュアライゼーションの効果に関する研究は心理学、神経科学などの場で盛んにおこなわれています。現在、ビジュアライゼーションを用いたイメージトレーニングは、海外だけでなく日本のスポーツ業界でも当たり前になっています。緊張をほぐし、本来の実力を試合で発揮するために、プロスポーツ選手やトップアスリートに広く用いられているのです。

日本男子フィギュアスケート史上初のオリンピック金メダル2連覇を成し遂げたあの羽生結弦選手も、イメージトレーニングを取り入れていることはよく知られています。２０１７年の世界フィギュアスケート国別対抗戦フリーで金メダルを取った時のインタビューでは、「前日は眠れなくて、イメージトレーニングばかりやっていました」と答えています。そして、２０１８年平昌オリンピックでは、奇跡の2大会連続金メダルを獲得しましたが、右足首の負傷後、氷上トレーニングができなかった2か月間に取り組んだイメージトレーニングによる効果も、大いに関係しているのではないでしょうか？

「僕、ジャンプを跳ぶ瞬間に、全部考えてから跳ぶんです。―中略―その助走の瞬間に頭の

中で跳ぶんですよ、イメージの中で。その時にしっかりいけば絶対跳べるんです」(『蒼い炎Ⅱ』54ページより引用)

これまで、イメージトレーニングによる運動習得や、運動学習に関する研究は数多く報告されてきましたが、最近では、イメージトレーニングだけで筋力さえも実際にアップしたという驚くべき学術結果が数多く発表されています。これから、その興味深い研究結果をいくつかご紹介していきましょう。

例えば、イメージトレーニングが身体に与える影響を研究しているビショップ大学のシャッケル博士らによっておこなわれた研究では、「イメージトレーニングだけで筋力が24%アップした」という結果が報告されています(引用文献⑤)。これは、〝股関節屈筋がビジュアライゼーションだけで強化されるか?〟という実験で、3グループに運動選手を分けておこなわれました。Aグループは、2週間毎日15分ずつ実際にトレーニングをおこない、Bグループはトレーニングはしないでビジュアライゼーションだけをおこないました。Cグループは、どちらもおこないませんでした。2週間後、Aグループは筋力が28%アップ、Bグループ24%アップという驚くべき結果になりました。

〈ビジュアライゼーションの実験結果①〉

Aグループ＝実際にトレーニングをした＝28%アップ

Bグループ＝イメージトレーニングのみ＝24%アップ

Cグループ＝何もしない＝変化なし

また、クリーブランドクリニック・ラーナー医科大学のランガナタン博士らによる研究では、ビジュアライゼーションだけで小指外転筋の力が強化されるかという実験がおこなわれました（引用文献⑥）。12週間、毎日15分ずつ継続した結果、実際にトレーニングをおこなったグループは筋力が53%アップし、ビジュアライゼーションだけをおこなったグループも35%の筋力アップが観察されました。

〈ビジュアライゼーションの実験結果②〉

Aグループ＝実際にトレーニングをした＝53%アップ

Bグループ＝イメージトレーニングのみ＝35%アップ

Cグループ＝何もしない＝変化なし

これはたくさんある研究のほんの一例です。イメージトレーニングのみで筋肉強化が可能である学術データは、他にも数多く存在しています。実際の筋力トレーニングをせずにイメージトレーニングだけで筋肉がつくなんて、信じられないかもしれませんね。これは、脳が現実に起こっていることと、イメージしていることを勘違いしやすいために、イメージをしただけで同じ神経細胞が反応してしまうために起こります。

電磁石によって生み出される弱い電流を使い、ほとんど痛みを伴わずに脳の回路接続の機能を調べることができる「経頭蓋磁気刺激法（TMS）」を用いた研究でも、イメージした時と、実際に経験した時には、同じように脳回路が発達することが報告されています。この脳の特性を利用すれば、「イメージで筋力アップもできるのだから、他のことも可能かもしれない。まだ叶っていない夢でも、ありありとイメージすることができれば実現の方向に向かって何かが動きだすかもしれない！」と思えてきませんか？

実際、ビジュアライゼーションを上手に活用することで、60日間で無理なく10kgの減量に成功した人もいます。「そんなことあり得ない！」と100％拒否することも、「もしかしたらそんなこともあるかもしれない」と思うのも、あなたは自由に選ぶことができます。

実はこの減量は「身体を絞りたい」と望んでいたヒロミの体験談です。ビジュアライゼーションでダイエットも可能ではないかと思い、自分の身体を使って試し、見事に成功しています。このチャレンジの経緯が面白いので、ご紹介しましょう。

チャレンジのきっかけは、ヒロミが「体脂肪が溶け、身体を元気にする水分になる。その水分が血液に溶け込み、全身に流れる」というイメージをしたことから始まりました。このイメージを3日間続けてみると、サイズはダウンしたものの、内臓脂肪率がアップするという不思議な結果になりました。イメージの力で体内では何かが起こったものの、これでは健康に悪いので、「脂肪が燃えて、身体のエネルギーの元になって消える！」というイメージに変えて再チャレンジしてみました。

ところがヒロミは、身体を鍛えた体験がなく、減量の仕組みも知りません。ですから、脂肪が燃えてエネルギーの元になるということについて、明確なイメージができませんでした。体験してないことや苦手なことをイメージするのは難しいものです。そこで、ダイエットのための運動指導を、実際に大変有能で実績あるコーチから週に一度受ける経験をして、体重が減る仕組みを学んでみたところ、自分が想像していたイメージとはまったく違っていたことに気がつきました。減量以外にも、〝豊かさ〟〝愛に溢れたパートナーシップ〟というのも同様で、体験したことがないとイメージしにくく、先取りで疑似体験をしてみると、想像していたイメージとは違うということはよくあることです。

ヒロミは運動嫌いなので、数分の筋肉運動や有酸素運動でさえコーチのジムに通う週1回だけか、多くても2回が精一杯でした。そこでイメージのパワーを活用して、20回のうち、5回でへこたれた腹筋運動の残り15回をイメージの中でおこなったり、1週間の内の6日間分の運動を、電車移動中や眠る前の布団の中でイメージトレーニングするといったことで補ってみたのです。

この効果はまず、精神的な部分に現れました。イメージで運動しても筋肉が増強するという研究データを見て知っていたので、「イメージだけでも効果があるなら、実際に運動をしなくてもまあいいか」と思えたことで、サボっているという感覚や罪悪感がなく、週に1日だけでも、生まれて初めて運動を継続

することができたのです。このチャレンジは、ビジュアライゼーションが有効とお伝えしていることに、まさに一致していました。

ヒロミの体重が実際に減っていった結果は次の通りです。

〈ビジュアライゼーションの実験結果③〉

0日目　体重67・9Kg　体脂肪率40・4%　腹周り93cm
30日後　体重62・2Kg　体脂肪率36・0%　腹周り88cm
60日後　体重57・9Kg　体脂肪率34・2%　腹周り81cm

初めて挑戦することとは、スタートで大きな成果が得られると嬉しくなって続けられますよね。しかし、ヒロミは運動が嫌いなので、毎日の日課として宿題に出された「スクワット20回×2セット、腹筋運動20回、エアロバイク30分」なんて全然できなかったのです。

ヒロミは長い間身体を絞りたいと願っていましたから、過去にDVDなどのエクササイズプログラムにチャレンジしたことがあります。しかし、運動嫌いのヒロミがキツいワークアウトを毎日続けられるはずもなく、三日坊主でそのたびに終了し、「またシェイプアップに失敗した…」「私は太っている…」「運動はやっぱり嫌い！」というネガティブなセルフイメージが強く刷り込まれて上塗りされていきました。こうなると無意識が働き始めて、何をやっても知らず知らず太ってゆき、結局はもうちょっとで70kgの大台に乗る直前までいったのでした。

ダイエットのための運動が成功しにくいのは、「運動をキツく感じて当然」の一番太っている時にスタートするからです。この時期に、実際の運動や食事の工夫に加えて、イメージの力を活用することで、週に1度しか理想の運動ができなくても、ヒロミは一ヶ月で5Kg近く（最初の1週間で3Kg減）の減量に成功して、大きな自信がつきました。筋肉は落ちずに脂肪だけが落ちたので、見た目もかなりスッキリしました。2ヶ月近くはこのような状況が続きましたが、驚くべきは2ヶ月と5日が経った時にヒロミに起こった変化です。あれだけ運動が嫌いだったのに、Tシャツとジャージを着て、朝ご飯前に運動する習慣がついたのです！　運動が嫌ではなくなり、歯磨きに続いておこなう毎朝の習慣になりました。

ヒロミのこの例では、実際の運動1に対してイメージが9という、常識であれば「運動をサボった」日々が続いたことが、イメージした運動の情報を潜在意識に繰り返し刷り込む効果を逆に発揮したと感じています。脳は繰り返されるイメージが本当か嘘か誤解して、3ヶ月目に「本当だ」と認識してしまい、起きたら歯を磨いて体重を測り、運動してから朝ごはんを食べる、という習慣が自然についたのだと思います。

パート2から紹介する、〝引き寄せおもしろ実験〟の「実験①バナナの引き寄せ実験」の場合も、イメージだけでおこなうので、実際に買ったり、誰かにに買ってきてと頼むことはしません。イメージするだけでさまざまな形で現れ始める「バナナ」に対して嬉しくなったり、おかしくて笑ってしまう成功体験から、自分を責めたりセルフイメージを下げることなく、楽しみながら続けることができます。そしてやがてそれは知らず知らず習慣となり、潜在意識に成功体験が刷り込まれることで、どんどんコツを掴んでいくことができます。「バナナは〝引き寄せ〟ることができる！」と確信できるようになったら、次の「〝引き寄せ〟たいもの」にチャレンジしてみる時がやってきます。

また、ビジュアライゼーションの効果は、身体の筋肉だけではなく、気分や考え方にも影響を及ぼすという研究結果も報告されています。これから紹介するのは、2010年に発表された、パーソナリティ心理学やウェルビーイングの研究者であるミズーリ大学のキング博士による研究です（引用文献⑦）。

1つのグループの大学生たちには、人生の夢がすべて叶った理想の人生を想像してもらい、毎日20分間、4日間続けて最高の自分について書くように指示しました。一方、別のグループには人生の辛い出来事について書くよう指示しました。3週間後におこなわれたアンケート結果では、人生の辛い出来事について書いた学生たちに比べると、毎日理想の人生を想像して書いた学生たちは、書く前よりもより幸せを感じ、ポジティブで楽観的になったという結果がでました。将来の最高の自分をイメージすることや、理想の人生を書き出すことは、健康や幸福度を向上させることに影響していると報告されています。このように、実際に起こっていることと、イメージしていることを勘違いしやすいという脳の特性は、ビジュアライゼーションを夢の実現やセルフイメージ向上のためにも利用できる可能性を示してくれています。ビジュアライゼーションを用いて、すでに夢が叶ったイメージを繰り返しすることで、脳は実際に夢が叶っていると錯覚し、同じような効果が期待できるのです。

〝引き寄せ〟が上手にできる人は、おそらく自分の望むことをイメージすることが上手な人です。子どもは皆、イメージを上手におこなう天才ですよね。「ごっこ遊び」がいい例でしょう。想像の中で、ヒーローやヒロインに自分がなりきることができるのです。しかし、大人になるにつれ、「そんな夢みたいなことばかり言ってないで現実をしっかり見なさい！」などと言われ、いつの間にか楽しい「空想」をすることをやめてしまいます。だからといって、大人になるとイメージすることに関しては、大人になるにつれてどんどん上手になっていきます。「不安」をイメージする力がまったくなくなってしまうというわけではありません。「不安」というのは、まだ起こっていない「望まない」未来のことをイメージした時に出てくる感情です。「不安」のイメージが強くなっていくのは、あなただけのせいではなく、育ってきた家庭環境や教育、社会システムなどによるものであり、ほとんどの人にあてはまることだと思います。一方、未来に対して楽しい空想ができる人は、「ワクワク」という感情が湧いてきます。子どもはこちらの空想が圧倒的に強く、強運と思われている大人もまた、そうである確率が高いのです。

イメージ（ビジュアライゼーション）の力は偉大で、私たち誰もが持っている力です。それを「望む」ものに使うのか、「望まない」ものに使うのか、私たちは自由に選ぶことができるのです。筋力さえアップさせることができるビジュアライゼーションの力を、あなたの「望む」ものに使ってみませんか？　ビジュアライゼーションの実験もパート2に出てきますので、楽しみにしていてくださいね。

Point

脳は現実に起きていることと、イメージしていることを勘違いしやすい。
夢が叶ったイメージをすると、実際に夢が叶っていると錯覚し、
同じような効果が期待できる。

夢を可視化する「宝地図®」&「ドリームマップ®」

視覚情報を利用して夢を可視化する有名なツールに、「宝地図®」や「ドリームマップ®」があります。これらは画用紙やコルクボードなどに、自分の夢や目標、手に入れたいもの、訪れたい場所、将来の理想の姿などをイメージさせる写真や言葉を貼りレイアウトする自己実現、目標達成のための方法の一つです。

この2つには、夢や目標、願望や将来の理想像などを明確にするために、言葉だけではなく写真や画像をレイアウトするという基本の部分が共通しています。これらのツールの1番の特徴は、写真や言葉を切り貼りするだけなので、誰にでもできて簡単だということ。「宝地図®」や「ドリームマップ®」は、パート1で紹介している、「選択的注意」「プライミング効果」「ビジュアライゼーション」、すべてを網羅している素晴らしい夢実現ツールです。いくつかの体験談をご紹介しましょう。

真由美が最初に「宝地図®」を作成したのは約30年前。当時、一番手に入れたかったのは「海の見えるマンション」でした。バルコニーから見える景色の写真を「宝地図®」に貼ってイ

真由美が 2011 年に作成した「宝地図®」。日本にまだ紹介されていない素晴らしい英語書籍の翻訳、仕事の場を世界に広げる、ヨーロッパ旅行、オーロラ鑑賞、大好きなハワイに定期的に滞在する機会、フラワーバス、赤いレクサス、家族や仲間との楽しい時間の共有、ワークアウトによる身体づくりなど多くの夢が実現した。

メージをしていました。すると、海の見えるマンションの広告がどんどん目につくようになり、また、当時教えていた生徒さんの一人が、海の見えるマンションに住んでいることが分かり、遊びに行かせてもらいました。それからしばらくして、思いもよらない方法で夢が実現したのです。結婚したばかりでお金もなかったのですが、夫が勤めている会社の株式が急に店頭公開されることになり、マンションの頭金分だけの資金ができたのです！　ちょうどその頃、販売開始になったマンションに申し込むと、補欠だったのですが繰り上げ当選になり、念願の「海の見えるマンション」を本当に手に入れることができました。

プライミング効果を実感した体験もあります。

ハワイ島に旅行に訪れた際、美しい夕陽の写真を撮りました。帰国後、何年か前に作った「宝地図®」を久しぶりに見てみたら、そこに貼ってある夕陽の写真と、ハワイ島で撮影した写真がそっくりなのです。さらに驚いたのは、その夕陽の写真の右下に小さく書かれていた文字。そこには「ワイコロアの夕陽」と書かれてありました。なんと！　真由美が撮った夕陽の写真もワイコロアだったのです！　「ワイコロアの夕陽」と書かれてあったことはその時まで知りませんでした。

私たちが全国各地で開催している「宝地図®ワークショップ」に参加された方からも、「旅行をプレゼントされた」「この人の通訳をやりたい！ と思っていた通訳をする機会に恵まれた」「夫の企画が通って、行きたいと思っていたクルーズ旅行に行けることになった」「写真集コンペでベスト30に選考された」「ガッツポーズの写真通り、コンテストで優勝できた」など、たくさんの嬉しい報告が届いています。

「宝地図®」や「ドリームマップ®」は、最近ではキャリア教育のツールとしても注目され、小学校から大学まで全国各地で導入される動きが広がっています。また、自己肯定感や幸福感との関連を調べる研究もおこなわれており、今後の展開がますます楽しみです。

あなたもぜひ、機会があればつくってみてくださいね。

「笑い」は〝引き寄せ〟の最強ツール

〝引き寄せ〟解明の手がかりの5つ目は、〝笑い〟です。

多くの人が見逃している、この笑いや遊び心こそ、真由美とヒロミの2人が〝引き寄せ〟を体験する中で最も驚くべき効力を発揮してくれた、とても大事な要素です。

過去に紹介されてきた種々の願望実現法、例えばバイブル的な「成功哲学」の名著の中には、「この方法を毎日繰り返し実践してみましょう」という、いくつかの手法を紹介しているものがあります。生死に関わるような事件の直後でお手上げ状態になっていたり、〝引き寄せ〟を実践し始めてからすぐに驚くべき効果が出て面白くなったというような場合は、従来のこの方法でも夢中になって続けられるでしょう。また、結果が出るまでに何年間もかけてコツコツ続けられる性格の人は、この何年後かに願望が実現するという結果を得ることができます。ところが、多くの人は結果が出ない期間がしばらく続くと途中で嫌になって、「私には、〝引き寄せ〟は無理なんだ」と諦めてしまうことになります。ヒロミも、計画を立て努力をしたものの、成功哲学の名著が提案する日々の課題数が多く継続できずに、途中で本を置いた体験があります…。

そこで本書では、私たちが幼い頃から教えられて刷り込まれている、〝真面目な努力が最高の美徳〟にプラスして、〝楽しく笑いながらやってみるのもＯＫ！〟という方法を提案しています。

共著の２人は、人生のどん底にいると感じ、効果があるという方法なら何でもやってみたいという気持ちが強かった時期に、〝引き寄せ〟を体験したことにより、その後も継続して〝引き寄せ〟を続けることができました。そして、それにプラスして〝笑い〟や〝遊び心〟を活用した時に最高の結果が出ることに気づきました。大笑いをした瞬間は、緊張モードである交感神経が優位になります。その後、リラックスモードである副交感神経に切り替わり、そしてまた交感神経が優位に戻ります。**実は、リラックスモードである副交感神経が優位になっている時、あなたの願望は潜在意識にダイレクトに入りやすくなっているのです。**

この事実は、１９３４年にドイツの精神科医フーゴ・パウル・フリードリヒ・シュルツの著書『自律訓練法（Ｄａｓ Ａｕｔｏｇｅｎｅ Ｔｒａｉｎｉｎｎｇ）』で紹介されました。「自律訓練法」は、催眠療法の専門家に頼らずとも、自分で催眠に似た状態に自身を誘導し、深いリラックス状態に入れる手法として、疲労やストレスの緩和、不安の軽減に活用され始めました。それだけでなく、勉強や仕事の能率向上、多幸感や深いリラックス状態を体験する効果があるとして、日本には１９５０年になって入ってきましたが、21世紀になってからさまざまなセラピーに応用されるようになりました。

「自律訓練法」は静かな環境を用意し、深い呼吸をすることから始めて、時間をかけて身体が重い・温かいといった、人が催眠状態に入る時に共通して感じる感覚になるように誘導して副交感神経を優位にしていきます。そして、潜在意識に「健康」「安心」「幸せ」「豊か」といったような自分が望む状態になるよう自己暗示を入れていきます。これは、短くとも40分ほどの時間を必要とします。ところが、〝笑い〟は一瞬でこの状態になることができ、自己暗示がかけられるのです。すごいと思いませんか？　このほかにも、脳が眠りから覚め切らない朝起きてすぐの時間、お風呂で半身浴をしてリラックスしている時、瞑想などでも同じように副交感神経優位な状態にすることができます。このどれもが有効なのですが、毎日静かな環境を準備して40分の自律訓練法を続けたり、忙しい時間帯に二度寝しないように瞑想したり、湯船にゆっくりと浸かるのは「大変そうで無理」と感じるかもしれません。でも一瞬笑うだけなら、「私にもできるかも」と思いませんか?

私たちの講座では、笑いが〝引き寄せ〟を起こすことについて、比喩的な表現では「願いがストンと潜在意識に通る」とか、「ハートの奥のドアが開く」などという表現を使うことがあります。これは、「自律訓練法」と同じで、自己暗示を入れられる状態になるからです。「ビジュアライゼーション」（60ページ〜）でお話しましたが、未来に対して楽しいイメージをしている時、私たちには〝ワクワク〟という感情が湧いてきます。でも実はこの時は、副交感神経ではなく、交感神経が優位な状態です。例えば子どもの頃、旅行や遠足の前夜に、ワクワクし過ぎて眠れなくなった経験がありませんか？　これは、緊張モードである交感神経が優位になっているためです。まだ起こっていない未来にワクワクする時も交感神経が優位な状態なので、それだけでは〝引き寄せ〟は実現しにくいといえます。

☆起きてすぐ、まだウトウトしていて副交感神経が優位な時にイメージする
☆ワクワクしながら空想した後、すぐに眠る、瞑想する
☆ワクワクしながら半身浴する、大笑いする

　このようなことをおこなうと、交感神経から副交感神経が優位な状態に切り替わるので、望みが潜在意識に入りやすくなり、効果的に〝引き寄せ〟が起こりやすくなります。では、笑っている時、あなたの身体に何が起こってリラックスモードである副交感神経が優位になり、潜在意識に暗示が入りやすくなるのかをみていきましょう。

「あははは！」と笑うと、横隔膜が何回か上下して呼吸を繰り返すので、その結果、まずは交感神経が優位になります、笑い始めは交感神経の作用が続き、その後、副交感神経が活発

になっていきます。私たちはふだん意識せずに呼吸をおこなっていますが、起きている時には浅く短い胸式呼吸をし、交感神経を活発にしています。ストレスや疲労が続くとさらに浅く短い呼吸になり、吸い込んだ空気は肺の中まで到達せず、吸ってもすぐ吐き出されるため、肺には炭酸ガスなど不要なものが溜まりやすくなります。この状態が長く続くと、血液循環の低下や自律神経失調症を招くことになりかねません。一方、腹式呼吸は大きくゆっくり吐く息でお腹をへこませ、息を吸う時にはお腹をふくらませる呼吸法です。この腹式呼吸では深く呼吸ができるため、肺の下にある横隔膜が上下に運動します。横隔膜付近には自律神経が密集しているために、ゆっくりと吐こうとすればするほど、副交感神経が優位になり、リラックすることができます。睡眠中は無意識にこの腹式呼吸になっているので、起きてすぐに何かをイメージすると自己暗示が入りやすくなるのです。

大きく〝笑う〟と、横隔膜が上下するので、意識せず腹式呼吸になります。深呼吸をすると自律神経が整うのと同じように、笑いは副交感神経の働きを助けて、自己暗示を潜在意識に直接与えられる状況に知らず知らずのうちにしてくれるのです。人をダシにして笑う嘲笑などの攻撃的な笑いではなく、愛を持った遊び心のある笑いを上手に使うと、あなたの「望み」を、ダイレクトに潜在意識の領域に自己暗示として入れることができます。

例えば真由美とヒロミは、「こうなったらいいな」と思う、今はまだ実現していないことを、もうすでにあるかのように楽しく話して爆笑することから始め、実際に夢が叶うことが多くあります。笑いながら、「このホテルに住む〜！」と話していたら、観光ではない7日間の滞在が実現しました。その時、ずっと住んだら飽きてしまうことが分かり、「時々このホテルに長期滞在する」という夢に軌道修正して描き変えました。ほかにも、2人が一緒にいる時は、必ず一度は「私たちって最高だよね！」と爆笑しながら口に出しています。これは、自分は素晴らしいというセルフイメージを自身に与えることができるので、その結果、さまざまな出来事が起こっても、それに柔軟に対応して、楽しく幸せな毎日を送れることができています。また、「〇〇がこうなったりして？　あ、今、潜在意識に入ったから本当にそうなるわ！　どうする？」という、お決まりの一言もあります（笑）。これから、数え切れないほどある、「〇〇がこうなった」という体験談の中から2つの例をご紹介したいと思います。

ヒロミは海外で、友人が運転してくれていたレンタカーが真っ暗な山道でパンクし、困り果てたということがありました。その時、たまたま後ろを走る車を運転していた、ロシア訛りの英語を話す男性が停車してくれました。中には、男性とその子どもが乗っていました。親切にヘッドライトをつけて私たちの車を照らしてくれ、タイヤ交換までしてくれたのです。メールアドレスを聞いて別れ、「丁寧にお礼を伝えたい！」と思いながらホテルに戻ると、隣の部屋からロシア訛りの英語と子どもの声が聞こえてきたような気がしました。「同じホテルの隣の部屋の人たちだったりしてね」と笑いながら、教えてくれたアドレスにお礼のメールを送ったところ、同じホテルだと分かり驚きました。それだけではなく、本当に隣の部屋だったのです。そこで友人と二人で１００ドルを封筒に入れて隣の部屋を訪れ、丁寧にお礼を告げ、「日本に来たら連絡してね」「ロシアに行く時やワシントンに来る時は連絡してね」と会話を交わすことができた体験があります。

　真由美は医学博士でスピリチュアルリーダーである、大ファンのディーパック・チョプラ博士の著書を翻訳する幸運に恵まれたことがあります。そのご縁で、来日講演の際にホテルから会場までタクシーに同乗して案内する係になりました。その日の朝、博士が宿泊しているホテルに早めに到着し、ヒロミともうひとりの友人とレストランで朝食をとりながら、「向こうからチョプラ博士が歩いてきたりして～」「キャー！　そしたら、ハグして欲しい」「Ｏｈ！Ｍａｙｕｍｉ～って向こうから歩いて来て、ハグ！」（爆笑）と会話していました。するとその瞬間、レストランに向ってチョプラ博士に似た男性が歩いてくる姿を発見しました。「本人だ！」と悟った３人は無意識に立ち上がり敬意を表したところ、なんとチョプラ博士は迷わず私たちのテーブルに向って来て、「Ｏｈ！Ｍａｙｕｍｉ～」と真由美をハグしたのです！

〝笑い〟は他の動物（一部の霊長類を除く）にはない、人間の大きな特徴です。私たちが笑う時、脳の中には「エンドルフィン」という物質が分泌されます。このエンドルフィンは、食欲、睡眠欲、生存欲、本能などが満足すると分泌され、モルヒネの6.5倍もの鎮痛効果があるとされています。そして、脳内モルヒネとも呼ばれる作用の結果、「多幸感」をもたらします。普通は、満足すると分泌されるエンドルフィンですが、笑うことによっても分泌され、その結果、「多幸感」を得ることができます。「幸せだから笑うのではなく、笑うから幸せになる」と俗によくいわれるのはこのためです。

さあ、次のパート2からは、遊び心のある、7つの〝引き寄せおもしろ実験〟を紹介していきます。多幸感を感じながら、一瞬で自己暗示を潜在意識に与えることができる〝笑い〟の要素もたくさん盛り込んでいるので、実験を通して、笑い、楽しみながら〝引き寄せ〟を体験していきましょう！

Point

リラックス状態である副交感神経優位な時に、願望は潜在意識に入りやすくなる。
そのため、〝笑い〟は最強のツールになる！

「ワクワク」だけでは叶わない？

「夢を叶えるにはワクワクしましょう！」とよく言われていますが、ワクワクするだけでは、実は叶わないのをご存知でしょうか？　これには大きく2つの落とし穴があります。1つ目は当たり前すぎる現実的な理由、もうひとつは目に見えない潜在意識が関係した理由です。

1つ目の理由は、「ワクワク」をお金で買って物欲を満たした結果、夢が叶ったとはいいがたい結末になるパターンです。

例えば、収入とのバランスを考えずに服やバックを購入したり、贅沢な旅行に行って、その時はワクワクしたけどカードローンだけが残ってしまった…というような場合です。これでは、夢が叶ったような気がして楽しんだ後、働いて支払い続けないといけないという現実が待っています。収支のバランスが悪い場合、夢が叶ったとは言えないほど長い期間、ツケを払い続けることになります。

この本は、欲しいと思っている高額な商品を買ったり、ローンで臨時収入を得たりするのではなく、プライミング効果や潜在意識を活用して〝引き寄せ〟ることで実現しませんか？

と提案しています。現実的な内容と提案を心がけていますので、136ページからの「実験④ルンルンルン♫実験」など、何かを購入するような内容が一部含まれる場合にも、無料でできるか、または少額ですぐにできることを紹介しています。すぐにできた経験を通して、次第に「無理だ」と思うものも〝引き寄せ〟られるようになっていくはずです。

2つ目の「ワクワク」だけでは叶わない理由はとても重要です。「ワクワク」には意外な落とし穴があるのです。

前ページでは、リラックスモードである副交感神経が優位な時に潜在意識に自己暗示が入りやすくなるので、〝副交感神経が優位な時に、願望が叶いやすくなる〟とお伝えしました。ですから、前述の通り、ワクワクしている時は交感神経が優位になっているため、ワクワクだけでは願望は叶いにくい状態だといえます。

さらに、「ワクワク」した後に、無意識に心の底で、「こんなこと叶うはずない」とあなたが感じていたら…。もうお分かりですね？「こんなことあるはずない」と潜在意識に自己暗示が入り、ますます叶わなくなってしまいます。これでは、せっかく夢を叶えるために「ワクワク」しようとしたのに、努力が大変な事態をわざわざ招いてしまうことになりかねません。逆効果の努力はムダなだけでなく、さらに事態を悪化させます。

私たち2人の講座にいらした方で、「夢を叶えるためのセミナーに参加しましたが、まったく願いは叶わず、人生が一向に良い方向に進みません。なぜだと思われますか？」と質問される方が時々いらっしゃいます。講座の後の懇親会でその方を観察していると、ワクワクする努力をしながら、どうしたらそんな想像ができるのかとおかしくなってしまうほど、「望まない」話を延々と話し続けられている光景がよく見受けられます。その中から、実際に「バナナから始める引き寄せ」の講演会に参加したBさんが質問してくれた、面白い例をご紹介しましょう。

Bさんは講座に参加した後に、「バナナを腐らせるバクテリアが発生して、世界中からバナナがなくなるかもしれないというニュースを見ました…。そうしたら、バナナの引き寄せ実験はどうやればよいのですか？」と質問してきたのです！　真由美とヒロミはそんな話は聞いたことがありませんでした。もしそうであったとしても、科学者たちが回避する研究と対策をしているでしょうし、万一、世界中からバナナがなくなったとしても、別のもので実験をすればいいだけです。ヒロミはこの話をBさんにして、「心配しなくても大丈夫だから、バナナのバクテリアやバナナがなくなることに焦点をあてるのをやめて、バナナの〝引き寄せ〟に目を向けましょう」と答えました。

夢が叶わず、〝引き寄せ〟られない理由は、「夢を描いたけど叶うはずないよね」と「望まない」ことを延々と考えてしまうことが原因だと想像できます。

本書で〝引き寄せおもしろ実験〟を紹介し、実際に〝引き寄せ〟を体験して体感でコツを身に付けていただくのは、潜在意識にこのような「望まない」暗示が入る「スキ」を与えないためです。

大声で笑う時間は、長くても一回3秒ほど。この間に一瞬で交感神経と副交感神経が頻繁に入れ替わることになりますので、ネガティブなことを考える間もなく、一瞬で叶えたい夢を想像した情報がそのまま潜在意識に入ります。

パート2の〝引き寄せおもしろ実験〟で、普段とは違うことをしている自分を、ぜひ「わっはっは！」と笑い飛ばしていただけたらと思います。

PART1
復習

「プライミング効果」

行動や生活は知らず知らず、周囲の環境に影響されている。プライミング効果を使えば、効果的に変化を促せる。

「ビジュアライゼーション」

脳は現実とイメージしていることを勘違いしやすい。ビジュアライゼーションで、脳を錯覚させよう。

「顕在意識と潜在意識」

潜在意識（無意識）が現実世界に与える影響は90%。潜在意識に願望を入れることが“引き寄せ”の鍵。

「笑いは最強のツール」

リラックスモードの副交感神経が優位な時、潜在意識に願望が入りやすくなる。“笑い”は一瞬でこの状態に導いてくれる。

「選択（チョイス）に注意！」

脳はすべての情報を拾えない。本当の望みを「選択」していくことで、現実世界にその結果が現れる。

PART2

“引き寄せ”おもしろ実験集

実験
1

バナナから"引き寄せ"てみよう！

さあ、それでは早速、実験をおこなってみましょう。最初の実験は、「バナナの引き寄せ実験」です。この「バナナの引き寄せ実験」とは一体何でしょうか？

あるもの（ここではバナナ）をイメージし、注意を向けることで、あるもの（バナナ）が急に目につき出したり、突然現れたように思える体験をすることが、この「バナナの引き寄せ実験」の一番大きな目的です。

ではまず、あなたが未体験のものごとを、思い切って初めてやってみた時のことを思い出してみてください。やり方が分からず不安なのは体験前だけで、実際におこなってみたら、「こうだろうかああだろうか」とあんなにあれこれと考えていた想像とは違っていたことはありませんか？　思いのほか簡単で、「何ということはなかった」「繰り返すうちに、気づいたら普通にできるようになっていた」、というプロセスを踏みませんでしたか？

〝引き寄せ〟もこれと同じです。

これからあなたが体験する〝引き寄せ〟は、想定外の笑える方法でやってきます。そして、とても簡単です。

〝引き寄せ〟の達人になるために、まずは「バナナの引き寄せ」で、「〝引き寄せ〟は案外簡単かも？」と思う体験を楽しみましょう。体験を重ねるうちに、「そんなことあるはずない」という心のブロックが少しずつ外れ、「こういうことも起こるのかもしれない」「自分にも〝引き寄せ〟ができるかもしれない」と思っていただけたら、第1実験は成功です。そしてこの成功体験が、その後に続く実験2～7を簡単にする役割を果たしてくれます。

では実際に「バナナの引き寄せ実験」のやり方を説明します。

〈バナナの引き寄せ実験〉

まずは準備です。

※実際は目を閉じておこないます。巻末に記載しているＨＰのＵＲＬにダウンロードして聴ける誘導音声がありますので、うまく活用してくださいね。

一人になれる静かな場所を選んでください。椅子に座るか、横になるかしてリラックスして目を閉じます。そして自分の呼吸に意識を向けてください。

ゆっくり吐いて…
ゆっくり吸います。
これを３回ほど繰り返してください。

では、「バナナの引き寄せ実験」を始めましょう。
次の文を読み、流れを覚えてください。そして目を閉じて、３分ほど覚えた通りにイメージを続けてください。

目を閉じて、バナナをイメージしてください。
どんな色なのか、
イメージの中でバナナを持ってみるとどういう感覚がするのか、
どんな匂いがするのか、イメージをします。

そしてバナナをイメージの中で食べてみて
どんな味がするのか、
食べている時にどんな音がするのか、
五感をフルに使ってイメージしてみてください。
（約3分間）

イメージ、上手にできましたか？
色、触った感覚、匂い、味、音。どの感覚が一番上手にイメージできたでしょうか？ イメージ力は人によって違います。〝見る〟イメージが上手にできる人。見るのは難しくても。〝音〟

ならイメージできる人などさまざまです。最初は上手にできないかもしれませんが、大丈夫です。

さて、「バナナの引き寄せ実験」を終えた後は、この実験のことは忘れて、毎日をご機嫌に過ごしてみてください。そして、どのように「バナナ」が見えてきたりやってくるかを、1週間～2週間、観察してみてください。

この実験には4つのルールがあります。

【バナナの引き寄せ実験のルール】

①「バナナの引き寄せ実験」をおこなっていることを周りの人に言ってはいけない
②自分でバナナを買ったり、誰かに「バナナ食べたい」とか「バナナをプレゼントして」などと言ってはいけない
③バナナが使われているお料理（バナナパフェなど）を食べている友人や家族を、羨ましそうに見つめてはいけない（笑）。つまり、「自分で積極的なアクションはとらない」、ということです。それからもう一つ、
④「バナナ」を見つけた時に興奮し過ぎて周りの人に迷惑をかけないこと！

本当のバナナでなくても、バナナ柄のTシャツやバナナジュース、バナナの歌やテレビに映るバナナなど、どんな「バナナ」でもOKです。今まで見えていなかった「バナナ」が目に入ってきたり、想定外の方法で現れたり手に入ったりしたら、ぜひ、真由美とヒロミが所長を務める「引き寄せ実験ラボ」にご報告くださいね。

では、なぜバナナなのでしょうか？

「〝引き寄せ〟を体験するための最初の大切な実験が、なぜバナナなの？　フルーツなのはいいとしても、どうしてリンゴやみかんじゃダメなの？」と思われているかもしれませんね。**実は、バナナは、〝簡単・心のブロックがない・執着がない・想定外〟という〝引き寄せ〟のポイントをパーフェクトに得られるというアイテムなのです。さらに〝引き寄せ〟の大きなコツである、〝笑い・遊び心〟まで重ね合わせています。**これが、バナナを実験に選ぶ理由です。

ちなみに、真由美はバナナが好きで、ヒロミはバナナが嫌いです。ですが、同じように〝引き寄せ〟ることができます。もしあなたがバナナを嫌いでも、〝引き寄せ〟体験ができますので大丈夫。むしろ、好き嫌い・欲しい欲しくないに関わらず、イメージして注意を向けたものごとをいつも〝引き寄せ〟ているということを肌で感じていただけると思います。

【バナナである理由 其の① 簡単に手に入る】

スーパーでもコンビニでもどこにでも売っていて、季節に関係なく年中いつでも手に入るバナナ。おそらく「生まれてから一度もバナナを食べたことがありません！」という人はいないでしょう。これが、高級メロンだったり、特定の季節しか手に入らない特別な銘柄の桃だったり、たまにしか見かけないドラゴンフルーツのようなめずらしい輸入フルーツだと、「あのデパートにしか売っていない」とか「この日に予約しておかないと無理」と、つい難しく感じてしまうかもしれません。つまり、バナナを使う1つ目の理由は、考えなくても「簡単」という心境に誰もがなれるということです。

【バナナである理由 其の② 心のブロックをつくらない】

2つ目の理由はズバリ、バナナは安いからです。フルーツの中でもバナナが安いということは、あなたの常識になっていますよね？ この常識が、〝引き寄せ〟の達人と同じ条件であなたに実験をさせてくれます。

多くの人が〝引き寄せ〟たいものののベスト3は「お金・パートナー・仕事」です。例えば、この実験が「1億円の引き寄せ実験」だったらどうでしょう？　ほとんどの人は一瞬で「ムリ！」と心にブロックがかかってしまいます。**この時、欲しいと頭では願っているつもりなのに、同時に「自分にはそれを手に入れる価値がない」と、心のどこかで気づかずに感じています。無意識、潜在意識の中で、と言い換えてもいいでしょう。**

信じられないかもしれませんが、あなたの心が抵抗して、あなたが欲しいものの〝引き寄せ〟を遠ざけてしまっています。この心の抵抗はブロックなどと呼ばれています。

そこで、〝引き寄せ〟たいものベスト3（パートナー・仕事・お金）の要素をまったく含まない〝バナナ〟を実験材料に選ぶことで、スムーズに実験ができるのです。

「1万円もする高級メロンは、自分にはもったいない」と思っている人はいるかもしれませんが、「1本100円程度のバナナさえ、私には食べる価値はない…」とか、「一生懸命働いてもバナナを買うことができない」とは、ほとんどの人は思っていないことが、大きなポイントです。

【バナナである理由 其の③　執着を生まない】

〝引き寄せ〟の達人はいつでも、「手に入っても、入らなくてもどちらでもいい」という、ゆる～い気持ちでいます。

これは〝引き寄せ〟の重要なポイントである「手放す」といわれるプロセスです。「手放す」というのは、「どちらでもいい」と忘れてしまうことです。例えば、お金が欲しい、恋人が欲しいといった願望は強い執着を伴いがちで、中々「どちらでもいい」と、手放して忘れてしまうことができないので、逆に手に入れることができないのです。

しかし、これがバナナだったらどうでしょう？　手に入れられなかったからといって、「なんで今日バナナを食べられなかったんだろう…」と深く傷ついて落ち込んだりしませんよね？「今日食べたかったけど売ってなかった。まあいいや。明日にでも食べよう。」くらいの軽い感じだと思います。

3つめの理由は、言い方は悪いですが、バナナはある意味、「食べても食べなくてもどっちでもいいリスト」に入っているために執着を持たないからです。この「どっちでもいい」という感覚が実は大切なのです。

【バナナである理由 其の④　想定外で笑える】

４つ目の理由は、「バナナ」が想定外の方法で現れたり、おかしな状況の「バナナ」に遭遇するので、笑えることです。

名前を聞くだけでもすでに何となくクスッと笑えるバナナは、遊び心に溢れています。パート1の「笑いの効能」でもお話しましたが、人生の中にあるすべてのものを〝引き寄せ〟る、究極の〝引き寄せ〟ポイントは、実は「笑い」なのです。

びっくりバナナ体験やアンビリーバボーバナナの報告がＨＰに続々と届きますので、それを見聞きすることで、あなたはニヤッとしたり、お腹を抱えて笑うことになります。特に声を上げて笑う瞬間は心がゆるんでいる状態なので、思考が邪魔をせず「バナナ」という指令が潜在意識（無意識）にスト〜ンと入ります。あなた自身が想定外の「バナナ」を〝引き寄せ〟た時も、たかが「バナナ」ごときを〝引き寄せ〟たくらいで、異常に興奮したり盛り上がってしまっている自分自身に笑えてくるはずです。この時の「笑い」が最高のコツなのです。

この実験は、〝引き寄せ〟を信じていない人や、「自分にはできない」と感じている人に、特に効果抜群です。

実験をおこなううちに、「バナナを〝引き寄せ〟ることができたら、次はイチゴでもやってみよう」と思え、少し難しいものでも成功体験を得ることができるようになっていきます。この小さな楽しい〝引き寄せ〟体験が積み重なって、徐々に「もっと、〝引き寄せ〟られるかもしれない」と感じたり、「今まで無理だと思っていたけど、できるのかもしれない」という自信をつけていくことができます。

「今まで見えていなかったものが、見えるようになるとはこういうことか!」と実感できたり、あるいは、あなたがこれまで思っていた、〝引き寄せ〟のイメージと、実際の体験が違うことも肌で感じていただけると思います。

〈バナナの引き寄せ体験談〉

では実際に、「バナナの引き寄せ実験」をした後に、どんな「バナナ」がやってきたか、そしてどのようにやってきたか、実際にあったおもしろ体験談をご紹介します。あなたの「当たり前」と思っている心のブロックが少しでも外れたら嬉しいです。

体験談1 「バナナ風呂」（E・Nさん）

セミナー参加の数日前に友達から、「バナナを買った」とわざわざ連絡がありました。報告してくるようなことでもないのに（笑）と思っていました。セミナーの帰り、道にポイ捨てしてあるバナナの皮の横を通り過ぎ、いつもなら見過ごすのに、わざわざ引き返して「バナナの皮が捨ててある！」と確認して、「これはキタ！ ヤバい！」とひとり興奮しました。

その後、思いつきでスパに行ったところ…特別開催のお風呂が「バナナ風呂」！ 驚いただけでなく鳥肌が立ちました。バナナ風呂って、おかしいですよね。入りたいような、入りたくないような…。

体験談2「バナナトースト」（青山由美さん）

私にもバナナが来ました！　友達の家に泊まった翌日の朝ご飯に出していただいたのが「バナナトースト」。もちろん、リクエストしてません。「きゃ～っ！」と叫んでしまいました。

体験談3「バナナの歯固め」（A・Yさん）

「バナナ、こない…」と諦めて頭から離れた瞬間にやって来ました。私は、雑貨屋で働いているので、バナナモチーフの商品がお店にたくさんあります。バナナチップス、バナナが描かれた子ども用の食器、フルーツ柄のハンカチ。「バナナの引き寄せ実験」をやる前から知っていたものは違うよねと思い、「どんなバナナがくるんだろう？」とワクワクしながら待っていましたが、なかなかやって来ない。レジ前のバナナチップスを横目で見ながら「もしや、あなたじゃないよね？」と思ってみたり。

そして、それは12日目にやって来ました！　レジに入っていた時に、お客さまが持ってこられた、「バナナの歯固め」。見た瞬間に思わずにやけてしまいました。「こんなのあったの～」（笑）。お客さまの商品を写メで撮るわけにいかないので、後で売り場に行ってパチリと撮影してきました。〝引き寄せ〟って楽しい！

体験談4「バナナの木」（H・Bさん）

いつも歩いている道に、ドア一枚くらいの間口で、お店にも入ったことがない花屋さんがありました。その日、何気なく花屋さんの方を見ると、バナナが！ 観賞用？ 植樹用？ 花まで付いてました。

体験談5「バナナの皮」（中川加奈子さん）

一瞬目を閉じ、思いっきり鼻から胸に息を吸いこみました。「よしっ」と目を開けたら、木の根の所にバナナの皮が落ちているではないですか！ 思わず笑いが止まりませんでした。歩く人の流れを遮って証拠写真をパチリ。その姿を見て周りの歩行者が不思議がっていました。最近、〝引き寄せ〟の速度が速くなっているのを実感して楽しんでます！

体験談6「バナナジュースで絶叫」（ひすいこたろうさん）

「バナナの引き寄せ実験」をおこなった後、帰りの飛行機で情報誌を何気なく開けたら、いきなり画面いっぱいにバナナジュースの記事と写真が。思わず「バナナ〜っ！」と絶叫してしまい、ＣＡさんに「静かにして下さい」と注意されてしまいました（笑）。

体験談7「商品陳列台がバナナ」（Cさん）

仕事帰りに百貨店の食品売り場に行ったら、アボカドの陳列の下にぐるっと大量のバナナが刺してあり、一瞬「バナナも売っているのだろうか」と、商品名が書いてある札をじっくり読んでしまいました。どうやらバナナはアボカドを引き立てる（？）ための飾りのようでした（笑）。それでもまだ半信半疑でいると、トマトの棚も同じようにバナナでぐるっと飾った上で売られているのを発見。思わず写真を撮ってしまいました。販売商品でもないのに、ここまでバナナを飾られるともはやどちらを売っているのか紛らわしい。かなりツボに入り笑いを堪えるのがつらかったです！

どうでしたか？　あなたの「バナナの引き寄せ体験談」もぜひお待ちしています。

私たち2人は、「バナナの引き寄せ実験」を繰り返しおこなっているので、「バナナ」発見率が他の人よりものすごく高くなっています。これはおそらく、私たちの脳は「バナナ」を重要な情報と既に思い込んでいて、普段意識しなくても自動的に「バナナ」を探してくれているからでしょう。

\ Let's TRY /

バナナの引き寄せ実験

所用時間 ▶ 5分
準備するもの ▶ 1人になれる静かな空間
目的 ▶ “引き寄せ”を実際に体感＆体験してみる。注意を向けたものが見えるようになる体験をする。
得られる効果 ▶ 心のブロックが外れる。“引き寄せ”は自分にもできるかもしれない、という小さな自信がつく。

あなたのバナナ引き寄せの実験結果や感じたことなどを、
メモとして書き残しておきましょう。
どんなことが起きましたか？

MEMO

バナナから始まる、夢、実現！

真由美とヒロミは、この〝引き寄せ実験〟のコミュティーである、「引き寄せ実験ラボ」を主宰しています。そこでは、各実験ごとの「引き寄せた！」という驚きが投稿できたり、自分以外の人の体験談を読むことができるようになっています。（巻末ＵＲＬ参照）

ラボでは簡単で面白い、実験①「バナナの引き寄せ実験」への投稿が一番多く、みんなで爆笑しながら盛り上がっているのですが、投稿がしばらく遠のいていた方から、一人、また一人と嬉しい後日談の報告が上がってくることがあります。

Ｃさんの例をご紹介しましょう。

最初の投稿は、「バナナ、すぐ来ました！　テレビを付けたら、ミッキーマウスがバナナの船に乗っていました。また、お昼にコンビニに行ってレジに並んでいたら、前の人がバナナを買っていました。写真は撮れなかったけど、本当に面白かったです」というものでした。みんながそうなのですが、「初バナナ引き寄せ」に大興奮していました。

そして、次の投稿はこうでした。「バナナ、またまた来ました。インターネットで、韓国でバナナ味のお菓子が流行っているとの記事が出て来ました」。この時、続けてＣさんはこう書き記しています。

「バナナ来い！　と探したり力んだりしている時には見つからないのに、ぼーっとしている時にいきなりくるのですね」

これは大きな気づきですから、「そうなんです。力を抜いたらうまくいく！」と、真由美がコメントを送りました。するとCさんは、「ありがとうございます。コツが分かった気がします」と返信してくれました。

それから一年後…。Cさんは第二子を出産、そして、ご主人の海外赴任が決まり、引っ越しされることになりました。元々、Cさんは優しいご主人とお子さんと幸せに暮らしておられる有能な方でしたが、ヒロミが初めてお会いした時は有能な故に、「何かを頑張らねばならない」と肩に力が入っているようにも感じていました。Cさんは「バナナの引き寄せ実験」で、「必死で探そうとせずに力を抜く」という大事なコツを掴んだことが、ヨーロッパで家族水入らずの暮らしをラクラク手に入れるキッカケになったのではないでしょうか？

きっと今ごろ、何ものにも変えられない家族との時間という宝物を、日々発見して大切にされているのではないか、と想いを馳せています。

実験
2

思考癖を「なかったこと」にする言葉

2つ目の実験は「ラストキーワード大逆転実験」です。これは、あなたの望まない現実を〝引き寄せ〟てしまう思考癖や口癖に気づいた時に、いつでも使える簡単な実験です。

例えば、自分が本当は「望まない」ことを考えたり口に出したりしている時。

①「〇〇したくない」　例)「太りたくない」
②「〇〇がない」　例)「お金がない」
③「〇〇は難しい」　例)「理想のパートナーと出会うのは難しい」
④「〇〇になったらどうしよう」　例)「仕事をクビになったらどうしよう」
⑤「〇〇しないようにしないと」　例)「失敗しないようにしないと」

これらはすべて、自分が「望まない」ことに注意を向けていることになります。

そして、不安になったり、思い通りにいかずイライラしたり、自分自身に情けなくなったり、誰かへの怒りの感情でいっぱいになっているような時。

「そんな難しいことできない！　私には無理」
「急いでるのに前の車、遅過ぎる。イライラする！」
「なんであんなミスをしてしまったんだろう。私って最低…」
「あのいじわるな上司、超むかつく」
「この人は、何で仕事がこんなにのろいのだろうか」

いつも良い状態ではいられないのが人間です。イライラする時もあれば、落ち込む時もあります。自分が嫌になることもあれば、人に対してむかつくこともある。嫌なことを思ってしまう時も、あるいは口に出してしまうことだってあります。

そういう時にも使える実験です。それでは早速やってみましょう。

〈ラストキーワード大逆転実験〉

今日から、自分が考えていることや言っていることを、1週間ほどよく観察してみてください。そして本当は「望まない」ことを考えたり言ってしまっていると気づいたらすぐ、次のように言って、その後に別の表現に言い換えたり望むことを付け足します。

「キャンセル♫キャンセル♫キャンセル♫キャンセル♫キャンセル♫＋○○○○○（一言入れる）

例えば、こんな感じです。

「そんな難しいことできない。私には無理。」
↓「キャンセル♫キャンセル♫キャンセル♫キャンセル♫大丈夫、できるできる」

「急いでるのに前の車、遅過ぎる。イライラする！」
↓「キャンセル♫キャンセル♫キャンセル♫キャンセル♫大丈夫、時間は十分あるから」

「なんであんなミスをしてしまったんだろう。私って最低…」
↓「キャンセル♫キャンセル♫キャンセル♫　誰だってミスすることくらいあるよ。大丈夫。なんとかなるから。」

「あのいじわるな上司、超むかつく」
↓「キャンセル♫キャンセル♫キャンセル♫いじわるじゃなくて、愛のムチ？次は褒めてもらえるかも」

「この人は、何で仕事がこんなにのろいのだろうか」
↓「キャンセル♫キャンセル♫キャンセル♫完璧な人間なんていない。人にはそれぞれのペースがあるし！」

「キャンセル♫キャンセル♫キャンセル♫」を言う時は、車のワイパーのように両手を左右に動かしながら言ってみてください。ワイパーの動きを使うのは、「汚れを取り、スッキリきれいになる」イメージがあるからです。あなたの心もスッキリきれいになった感じがして、気分が変わります。そして明るく「キャンセル♫キャンセル♫キャンセル♫」と声に出して言ってみると、思わず笑ってしまいます。

このように「ふっ」と自分を笑えることができると、それは自分を客観視できているということ。そこから何かが変わります。

〈ラストキーワード大逆転体験談〉

ここでは、私たち2人の体験談をいくつかお話しましょう。

例えば、真由美がいつも無意識に言ってしまう口癖の一つに「あ～疲れた！」というのがあります。仕事から帰って来た時などとくに、すぐ口から出てきてしまいます。しかしおそろしいことに、自分が何気なくいつも繰り返し言っていることは、脳に「重要な情報」と捉えられてしまいます。「あ～疲れた！」というたびに、「疲れる」ことが増えていくのです。この口癖に気づいてからは「あ～疲れた～！」と思わず口から出てしまった時にすぐ、「キャンセル♫キャンセル♫キャンセル♫」と打ち消して、「あ～今日も充実してた！」と言い換えるようにしています。こうすると最後のキーワード、「充実してた！」が脳に認識されて「充実」することを〝引き寄せ〟ることができるようになるのです。

次はショックなことが起こった時に使ってみた体験談です。

ある日、原付バイクに乗っていた真由美は、一方通行の道をそうとは知らずに逆行してしまっていて、警官に見つけられ止められてしまいました。腹立たしいのと後悔と落ち込みで「あ～あ、今日はついてない！　罰金も払わないといけないし最低…」と、なんともいえない嫌な気分になったのですが、帰り道にこの実験「ラストキーワード大逆転実験」を思い出し、「キャンセルキャンセル…」と弱々しくやってみました。落ち込んでいるので、明るくできるわけがありません。しかし、「キャンセル・キャンセル・キャンセル・キャンセル」と、とりあえず言ってみた時、「その後に、なんて付け足せばよいのだろう？」という思考が出てきました。

「罰金がたいした金額でなくてよかった？　大きな事故を防いでくれたのかもしれない？」というアイデアが出てきたので、今度はもう少し声を大きくして「キャンセル♫キャンセル♫キャンセル♫キャンセル♫たいしたことなくてよかった。これは大きな事故をしないようにきっと教えてくれたんだ！」と言ってみました。

2～3回繰り返して言ってみると、気分が少し変わりました。普段ならもっと長い間引きずっていたであろう嫌な感情を、ずいぶん短い時間で切り替えることができたのです。これは「悪いことが起こった」ということに注意が向いていたのを、「今回のことでどんないいことが起こった？」という質問に切り替えたことで、脳がそちらの答えを探し始めたからでしょう。

次はヒロミの例です。

ヒロミは子どもを家から学校に送り出す際、「忘れ物はないかしら？」「事故に合わないかしら？」とか、「嫌な目に合わないかしら？」と不安になった時、心の中で高速で「キャンセル♫キャンセル♫キャンセル♫キャンセル♫」をした後に、「今日も楽しんで来てね！」と言って送り出すようにしていました。これで、最初は「事故」や「嫌な目に合う」になってしまっていた〝引き寄せ〟のオーダーが「楽しむ」に変わります。自分だけでなく、子どももそう声をかけられたことで、「楽しいことが起こる」というプライミング効果も起こりますから、その日一日楽しいことが起こる確率が上がります。

「キャンセル♫キャンセル♫キャンセル♫キャンセル♫」して、望む言葉に繰り返し変えるうちに、「楽しんできてね」という言葉しか出なくなり、思いが願う方向だけを向くようになって、現実もその通りになりました。

また、今でも毎日なぜかヒロミが「望まない」ことを感じてしまう「エレベーター」の例です。住まいのあるマンションにはエレベーターが一基しかないのですが、帰宅した時や、朝出かける時に必ず、「ボタンを押そうとした瞬間、誰かが他の階で押してエレベーターが行ってしまったらどうしよう…」と思うのです。

実際にはエレベーターが行ってしまう確率はほんのわずかなのですが、不安に思う必要のない99％の機会にも、なぜか毎回そう思ってしまうのです。その都度、「キャンセル♫キャンセル♫キャンセル♫大丈夫だった、スムーズにドアが開いた」とこっそり言っているので、誰かが見たら、「いつもあの人楽しそうだなぁ～」というふうに見えるかもしれません。以前よりも、その不安度が少なくなってきたので、「ラストキーワード大逆転」で改善されてきていると思います。

自分が普段どんなことを口に出しているか、私たちは思った以上に気づいていません。真由美とヒロミは、お互いによくチェックし合っています。自分の口癖は自分ではなかなか気づかないので、家族や、仲の良い友だちに聞いてみてください。そして誰かと一緒にこの実験をしてみてください。お互いに指摘し合えるのでとても効果的です。

それでは、ここからよく言いがちな口癖のキャンセル例をご紹介しましょう。

ダイエットに失敗する人の口癖＆置き換え「いい加減痩せないと！」

↓「キャンセル♫キャンセル♫キャンセル♫キャンセル♫一番ぴったりのベスト体重になっ

ていく！」

やるぞ！　と決めたのに寝てしまう人の口癖&置き換え「また寝てしまった…」

↓「キャンセル♫キャンセル♫キャンセル♫ちゃんと寝たから頭がすっきり！　今から効率よくできる」

怒られやすい人の口癖&置き換え「どうしよう、また怒られるかも…」

↓「キャンセル♫キャンセル♫キャンセル♫大丈夫。自分のベストを尽くすことに集中すればいい」

病気になりやすい人の口癖&置き換え「病気になるんじゃないかな…」

↓「キャンセル♫キャンセル♫キャンセル♫私は守られている。健康でいることができるから大丈夫！」

いつもお金に困っている人の口癖&置き換え「支払いにお金が足りなかったらどうしよう…」

↓「キャンセル♫キャンセル♫キャンセル♫大丈夫。ちゃんと回るから」

結婚したいのにできない人の口癖&置き換え「ずっと結婚できなかったらどうしよう…」
↓「キャンセル♫キャンセル♫キャンセル♫キャンセル♫私にピッタリのパートナーが必ずいるはずだから」

これまで無意識に繰り返し考えていた思考に、「キャンセル」の焦点を意識的に当て、望むことに切り替えることができる点がこの実験の素晴らしいところです。さらに、キャンセル後に付け足したことが実際に「叶う」体験までできます。

強烈なエネルギーで〝望まぬこと〟を願ったり、不安になることが得意だった以前のヒロミは、最後に付け足したハッピーエンドが「叶う」という経験を何度も体験して、「心の中を変えるだけで、望むことを〝引き寄せ〟ることができる」と強く確信したのです。バカバカしいハッピーエンドを付け足していること自体がクスっと笑えるこの実験ですが、実は素晴らしく理にかなった方法なのです。

うっかり考えてしまった望まぬ内容だけをキャンセルでき、付け足したハッピーエンドにその強烈な感情のエネルギーだけを保持したまま乗せられる、というのがこの方法で夢が叶いやすくなる理由です。感情を抑圧せずにそのまま利用して、良い方向に向きを変えることができるようになります。ぜひ、実験してみてくださいね。

\Let's TRY/

ラストキーワード大逆転実験

所用時間 ▶ 5秒
準備するもの ▶ なし
目的 ▶「望まない」現実を創りだしている自分の口癖や思考ぐせに気づき、自分が本当に「望むもの」を選べるように変えていく。
得られる効果 ▶ 知らず知らず人生が好転していく。

まずはあなたが変えたいと思う口癖を
思いつく限り書き出してみましょう!
そして、キャンセルして付け足してみてください。

MEMO

今すぐやめたいNG口癖集

パートIの「選択的注意」で「バナナが好き」も「バナナが嫌い」も、「バナナ」に注意を向けることになるので、「バナナ」を〝引き寄せ〟てしまう、と説明をしました。

このような、「本当は望まない」ことに注意が向いてしまうフレーズを、毎日の生活の中で意識せずに使っていることが驚くほど多いのです。

普段考えていることが、何気ない言葉として出てきます。「○○が嫌」以外にも、次のようなフレーズを使っていませんか？

＊「○○したくない」　例）「太りたくない」
＊「○○になったらどうしよう」　例）「仕事をクビになったらどうしよう」
＊「○○しないようにしないと」　例）「飲み過ぎないようにしないと」
＊「○○はダメ！」　例）「無駄使いはダメ！」
＊「○○にはなりたくない」　例）「一人ぼっちにはなりたくない」

あなたが親なら、以下のようなフレーズを子どもに使っていませんか？

＊「遅れないようにね」
＊「忘れ物ない？」
＊「うるさくしちゃダメよ」
＊「迷惑かけないようにね」
＊「走り回らないの！」
＊「テストで、ミスしないように気をつけるのよ」

つい私たちは、大切な人に対して心配してしまいがちです。しかし、「望まない」ことばかりを口に出し、相手にまでプライミング効果をかけてしまうので、「望む」ことに注意を向かせるフレーズに変えて使ってくださいね。

＊「太りたくない」↓「快適な肉体でいる」「ベスト体重をキープ！」

＊「仕事をクビになったらどうしよう」↓「最適な仕事に就いている」「私は職場で必要とされている」「私は自分の仕事を楽しむことができる」

＊「飲み過ぎないようにしないと」↓「適度に飲もう」

＊「無駄使いはダメ！」↓「本当に必要なものだけにお金を有効に使う」

＊「ひとりぼっちにはなりたくない」↓「ひとりでも二人でも大勢でも楽しい」「私はひとりでいる時も人といる時も幸せ」

＊「遅れないようにね」↓「時間通りに行くようにね」

＊「忘れ物ない？」↓「いるものは全部用意した？」

＊「うるさくしちゃだめよ」↓「静かにしようね」

＊「迷惑かけないようにね」↓「楽しんできてね」

＊「走り回らないの！」↓「ゆっくり歩いてね」

＊「テストで、ミスしないように気をつけるのよ」↓「テストの時は集中してね」

こんな偉そうなことを書いていますが、実は私たち2人もなかなかできていません！

冬のある日、何気なく使ってしまっている口癖に関するメルマガを書いていた真由美。珍しく雪が降り積もってきました。子どもが興奮して「雪合戦してくる〜！」と喜んで家を飛び出して行こうとした時に、とっさに口から出た言葉は、「転ばないようにね！」（笑）

とっさに出てくる言葉は潜在意識（無意識）にあるもの。普段使っている言葉をみていけば、自分の注意や望みが本当はどこに向いているのか、自分自身の心の状態までみえてきます。「人に言うは易し、自分でおこなうは難し」です。私たちも「ラストキーワード大逆転実験」を今でも毎日のようにおこなっています。

「なんとなく見えている」で叶える

３つ目の実験は「ホントは丸見え！実験」です。
これは、何気なく見えている視覚情報を利用して潜在意識（無意識）に働きかけ、自覚のない行動を引き起こす、プライミング効果を利用した実験です。

願望を叶えようとする時、叶った場面を先取りしてイメージ（ビジュアライゼーション）し、後は潜在意識に任せておけばよいのですが、なかなか叶わないのはなぜでしょう？

邪魔をしているのは、あなたの思考（顕在意識）です。「そんな夢、どうやったら叶うの？」「私には無理に決まっている」「そんなお金ないし…」など、思考が色々と邪魔なおしゃべりを始めます。そして、どうやったら夢を叶えられるのか、その方法を必死に頑張って探し始めます。

「必死に頑張ろう」と思うということは、「必死に頑張らないとできない」という思考が前提。ですから、「必死に頑張ろう！　必死に頑張ろう！」と思えば思うほど「必死に頑張らないとできない！　必死に頑張らないとできない！」に注意を向けていることになります。

人間は、顕在意識の意志の力を使いできることは、わずか10％程度にすぎません。90％の潜在意識を利用するほうが当然、効率はよい訳です。無理に力まず、自分でも知らないうちに願望を潜在意識に送り込むことができれば理想的です。

この実験では、視覚情報を利用し、叶えたい夢を象徴する写真を「なんとなく見えている」視野に配置することで、その情報を抵抗なく潜在意識に送り込みます。パートⅠの「プライミング効果」（44ページ〜）を覚えていますか？

事前に何かの刺激を与えられることで、本人が意識しないのに仕事のパフォーマンスが上がったり、歩く速度が遅くなったりしましたね。このプライミング効果を自分の叶えたい夢のために自分自身に使うのです。そうすれば、知らず知らずにその夢に向かっての自覚のない行動が起こり、「なぜか分からないうちに願いが叶ってしまった」という体験をすることになります。

〈ホントは丸見え！ 実験〉

まず、あなたが叶えたい夢を表す写真を1枚用意しましょう。
訪れたい国や、住みたい家の窓から見える景色、
自分らしく最高に輝いている写真などです。

その写真をあなたが毎日必ず見る「待ち受け画面」に使います。
携帯電話、パソコンのスクリーンセーバー、FBのカバー写真などです。
あるいは、トイレの壁に額に入れて飾りましょう。

例えば、「こういう家に住みたい」と思うのであれば、理想の家の写真を待ち受け画面に使います。住宅展示場などに行って、理想の部屋に居る自分の写真を撮って待ち受け画面にできればさらに効果的です。

最初は嬉しくなって待ち受け画面をつい見てしまいますが、そのうちに慣れてきて注意が向かなくなり、やがてただの「背景画面」になる時がきます。そうなったらしめたもの。何気なく毎日「見えている」という状態になると、思考を介さず抵抗なく潜在意識（無意識）に入っていくからです。そしてここから、プライミング効果が期待でき、自覚のない行動が起こっていきます。自分では「必死で何かを頑張っている」という自覚もありません。例えていうなら「知らず知らず」のうちにあなたの夢を実現する方向へ導いてくれる「自動操縦モード」のようなものです。

「必死で見ている！」という意識がないのに「見てしまっている」という状態をつくりだすので、「ホントは丸見え！実験」と呼んでいます。

「ホントは丸見え！実験」理解していただけましたか？　色々工夫して実践してみてくださ い。何か気持ちの変化や思考の変化に気づいたら、「引き寄せ実験ラボ」に報告してくださいね。

〈ホントは丸見え！実験体験談〉

体験談1「カレンダーをゲット」（J・Hさん）

「ホントは丸見え！実験」すごいです！ ウキウキしてきました。フラワーアレンジメントの本を購入してこんな素敵なお花を玄関やお部屋に飾りたいな～と思い、待受けを変更しました。数日後、手帳を取り置きしてもらっていたので、本屋さんまで取りに行ったところ、なんと素敵なフラワーカレンダーをいただきました。有料のカレンダーのようです。こんな形で効果が現れて嬉しい～。

体験談2「臨時収入で憧れの高級ホテルのスイートルームに宿泊！」（Lさん）

いつか憧れの高級ホテルのスイートルームに一泊したいと、SNSのヘッダー画像を憧れの部屋の写真にしました。3か月後、予定外の臨時収入がありそのホテルに宿泊することができました。その部屋が写真通りで大笑い。

体験談3「絵が描かれたまさにその景色が見える場所で、セミナー開催！」（Aさん）

セミナーをおこなう会場が、海外の某高級ホテルの小会議室に決定し、想定外の安価で借りることができました。ところが台風で会場が水没し、通りを隔てた向かいの建物にある大きな会場にアップグレードされることに。開催中に廊下から何気なく外を眺めたところ、自分の家の壁に飾っていた海沿いの街の絵と、窓から見た景色が瓜二つではなく、まったく同じ場所だったことに気づいて驚きました。

体験談４「夫が仕事を引き寄せ！」（板垣智恵さん）

Ｆａｃｅｂｏｏｋの写真を変更する方法で、夫が〝引き寄せ〟ました。夫はプロデューサー、放送作家などクリエイティブな仕事に憧れています。でも現在は、会社の法律や契約担当といった堅い仕事。「転職しないと無理かな…」と思っていました。先日映画を見に行った時、劇場スタッフに了解をとって、ステージ上で「監督（夫）が映画の制作発表をしている」ような写真を撮影し、Ｆａｃｅｂｏｏｋに載せました。

すると次の週には、夫は会社で広報誌のコラムを担当する事になり、発行されると社内で大好評。さらに次の週、私の職場（夫とは別）に大手携帯電話会社から、ＣＭ撮影のオファーが。何だか急にクリエイティブな世界が近付いてる、〝引き寄せ〟ってすごーい！　と感動しました。

体験談5「3年前に変えたFBカバー写真」（近藤有央子）

私は20代の頃から、結婚するなら出雲大社で式を挙げるのが夢でした。なので、初めて出雲大社へ行った時に遭遇した結婚式の写真をFBのカバー写真に変えました。〝いつか、私の夢が叶った時は、自分の結婚式の写真に差し替えよう〟と思いながら…。当時は結婚の予定も、結婚の「け」の字さえなかったので、私には夢のまた夢でした。

そんな夢のことを一度も結婚相手に言ったことなどなかったのに、「挙式は出雲大社だろう」と言って、私をとても驚かせました。私の夢がもうすぐ叶います。たまたまあがってきたFBの過去の投稿に、「3年後に叶ったのね」と感慨深く思っています。

体験談6「オーディオプレーヤーが当たった！」（匿名）

私はあるオーディオプレーヤーが欲しくて、その写真を壁に何枚か貼っていました。しばらくすると、そのオーディオプレーヤーが当たる懸賞キャンペーンの案内が目に入ってきました。普段は、「どうせ当たらない」と思って申し込むこともしないのですが、その時はなんとなく申し込んでみたら、本当に当選したんです！　自分でも信じられませんでした！

\ Let's TRY /

ホントは丸見え！実験

所用時間 ▶ 15分
準備するもの ▶ 叶えたい夢を表す写真
目的 ▶ プライミング効果を活用して無意識に働きかけ、
自覚のない行動を起こしていく。
得られる効果 ▶ 夢の実現に向けて、
知らず知らず行動が起こる。

携帯電話やパソコンの画面を、叶えたい画像に変更しましょう。
どんなものに変更したいか、
まずは自由に書き出してみてください。

MEMO

夢を今、生きる

ヒロミは、ルームセラピー®という、夢のライフスタイルを知らず知らず〝引き寄せ〟る技法の考案者で、〝夢を今、生きる〟空間を創造する仕事（ドリームスペースクリエイター®）をしています。

この技法はどういうものかというと、まず家やお店、会社事務所を造る前に、「なりたい自分」の暮らしや、「こうありたいお店や会社」はどんなものなのかを隅々まで綿密に考えて、「完成後のハッピーストーリー」を描いていきます。これを元にインテリアデザインをして、工事や引っ越し、模様替えをおこないます。すると、空間が知らず知らずあなたに向けて効力を発揮してくれ、完成後すぐにその通りの結果を得られる確率が高くなります。

なぜ、夢が実現するかという理由については、

＊事前に完成後のハッピーストーリーを選択（チョイス）して注意を向ける。
＊「ホントは丸見え！」なのに背景になってしまっている空間から、そこにいる間ずっと「知らず知らず」プライミング効果を全身で受ける。
＊自宅の場合は、起きている時間に見た空間が「あなたが寝てる間に…」潜在意識に入る。
＊実際に完成した空間で過ごすため、ビジュアライゼーション能力に左右されない。
＊お気に入りの空間であれば、自然と楽しくなり、「笑い」も起きやすい。
＊空間が整っていると「豊か」だと感じやすい。
などなど…本書で解説した内容を網羅しているからです。

新しい家、店や事務所での生活や活動が始まり、嬉しさでいっぱいの数日間が過ぎると、やがて新しい壁、天井、床、照明器具、絵、家具、小物までが当たり前の風景となり日常に溶け込みます。ですが元々この空間には、たくさんのエッセンスが詰め込まれていました。当たり前の日常になった時から、潜在意識にあなたの〝引き寄せ〟たいハッピーストーリーが入っていきます。そしてあなたが思い描いた「なりたい自分」として暮らし、仕事をすることができるようになるでしょう。

〝引き寄せ〟は遠いところにあるあなたの望む物事を〝引き寄せ〟るのではありません。「できない」とか「無理」という、あなたの心の中にある思い込みを取り去ることができさえすれば、あなたの手中にはすでに望むものごとの材料が揃っていることに気づくはずです。そんな気分に自然にすぐなれるのが「空間」の持つ素晴らしい点です。

もしあなたが今まで望む物事を〝引き寄せ〟ることができず、今、何かを変えたいと思っているなら、見慣れた自宅やお店、会社の事務所を見渡して、「なりたい自分の家」や、「こうありたいお店や会社」になっているかを確認して変えてみましょう。そうすることで、強大な〝引き寄せ〟を発動することができます。

1つ注意が必要なのは、空間は少し変えただけでも心理的影響が大きいので、他人の居場所は変えてはいけないというルールがあります。そこで、誰からも苦情が出ない「自分の部屋」や「トイレの壁にかける額」から試してみてください。その次は「洗面所の鏡の周り」などがよいでしょう。どこにもないという場合は、パソコンやスマートフォンをあなたの空間とみなして模様替えしてみてください。

その結果、あなたが楽しそうにする姿、あなた自身の存在そのものが、家族やお客さま、同僚などに同時に「プライミング効果」をかけることになり、やがて不思議と家族や同僚が何も言っていないのに模様替えをし始めたり、掃除や片付けをしだします。

あなたが〝引き寄せ〟たかったことが〝良好な人間関係〟という場合には、この時点で何かしらが叶うという瞬間が訪れるかもしれませんね。

実験
4

気分を変えて幸福を引き寄せる

4番目の実験は「ルンルンルン♫実験」です。

「ルンルンルン♫実験」の一番大きな目的は、感情を意図的に変えて自分をご機嫌にすることです。

あなたの望みを叶えるためには、潜在意識（無意識）に「望むこと」を記録させることだと何度もお話ししてきました。潜在意識に届ける方法は言葉とイメージ、そして〝感情〟です。この実験では〝感情〟を使って、潜在意識に伝えていく実験です。

パートⅠの「選択（チョイス）に注意！」でもお話ししましたが、本当はいつも「望む」ことに注意を向けていられればよいのですが、私たちは、気づかないうちに「望まない」ことに注意を向けていることがよくあります。

しかし、自分がどんなことを考えているかをいつも観察するのは、到底不可能です。なぜなら私たちは朝起きた時から夜寝る瞬間まで、一説によると6万回という思考が毎日出てきているからです。

例えば、「あと10分で家を出ないといけないから、急いで用意しないと…」とか、「そうだ。あの人にメールするのを忘れていた！」「帰りにコンビニに行って○○○の支払いしておかないと」など、起きている間は、さまざまな思考が途切れることなく出てきます。

実は、自分が「望む」ことに注意を向けているかどうか、もっと簡単に分かる方法があります。それが、気持ちや感情なのです。**「望む」ことを考えている時は自然に良い気分になり、「望まない」ことを考えている時は悪い気分になっています。**

あなたは、今、どんな気分ですか？

目を閉じて少しの間、感じてみてください。

気分は、簡単に分類すると〝良い気分〟か〝悪い気分〟のどちらかになります。ワクワク、感謝、喜び、楽しみ、平和な心…こういう感情は「良い気分」です。不安、憂鬱、悲しみ、怒り、嫉妬、後悔…こういう感情は「悪い気分」です。

これまでもお話してきましたが、自分に起こることは、すべてまず自分の内側の世界で自分が創りだし、そしてそれが外側の現実世界に現れてきます。良い気分でいると、良い気分になることがさらに起こります。例えば、「ありがたいな～」と感謝の気持ちを感じると、さらに「ありがたいな～」ということが起こります。

逆に悪い気分でいると、また嫌な気分になることが起こるのです。「腹立つ～！」と感じていると、また「腹が立つ！」ことが起こります。つまり、あなたが感じている気分にさせられる同じような出来事をまた〝引き寄せ〟ることになるのです。

ですから、イライラしている時や嫌な気分の時は、取り組んでいる仕事や、やらなければいけないことを無理矢理やってもうまくいきません。さらにその状態を〝引き寄せ〟続けます。そういう時にはまず、自分の気分を良くするために何かをおこない、自分をご機嫌にすることが、遠回りのようで実は近道なのです。

「気分転換」をさらに発展させて、一瞬でご機嫌になれることに意識を向け、実際におこなってみましょう、という提案がこの実験です。

良い気分の時は幸せホルモンのセロトニンや愛情ホルモンのオキシトシンといわれる「幸せホルモン」が脳から分泌され、精神を安定させたり幸福感を高めてくれます。安定した気分になり、「幸せ」と感じることができれば、「幸せ」なことが起こることも増えていきますね。

〈ルンルンルン♫実験〉

この実験はとても簡単です。自分の気分を良くするために、今日中に何か一つ試してみてください。小さなことでも全然ＯＫです。

あなたは、どんなことをすれば「ルンルンルン♫」とご機嫌になりますか？

散歩する
大好きな音楽を聞く
お風呂で歌う
スポーツをする
アロマバスに入る
岩盤浴に行ってみる
甘いものを食べる
友人とおしゃべりする

お酒を飲みに行く
買い物をする
花を一輪買う
訪れたい場所の写真を見る
コメディー・喜劇やお笑いを見る
ヘアサロンに行く
カフェでのんびりする
いつもと違う道を通る
特別なトッピングでコーヒーを注文する ｅｔｃ……

今、良い気分でもそうでなくても、今日中に自分をご機嫌にさせることを何か必ず一つおこなってみてください。小さなご褒美でもＯＫです。シンプルですが、とても効果があります。そして**これを習慣にしていくと、「ご機嫌」でいることが脳にとって重要なことと捉えられ、「ルンルンルンルン♪」になれることを脳が勝手に見つけ出してくれるようになります。**

〈ルンルンルン♫実験体験談〉

体験談1「少し贅沢な買い物をした直後に同額の臨時収入が！」（匿名）

「下着を全部一気に新品に買い替え」して、買い物中ものその後も「ルンルン♫」していたら、帰宅後ポストに郵便が来ていました。それはほぼ買い物と同額の振込予告書でした！

体験談2 買い物券をゲット！（C・Tさん）

「ルンルンルン♫」となるお花のイベントへ、行ってきました。行く度に、ラッキーが起こります。ある時はお花をサラッと見て、目的の動物園へ行きました。すると、いつも檻の奥にいる動物たちがやたら近くにいて♪　その後、たまたま行った先で大道芸のイベントに遭遇し、息子は大興奮。今日もお花をサラッと見て、目的のポケモンセンターへ。すると謎解きのイベントがあり、最後のくじ引きで1000円の買い物券が当たりました！　その買い物券でジェラートを（笑）。あと1枚残っているし、まだ見ていないエリアもあるので、また行くつもりです。次もきっとラッキーがあるとしか思えません！

体験談3　日記にルンルン♫♫（匿名）

「ルンルンルン♫」で、自分自身を見つめる時間が増えました。すると、なぜか急に日記をつけたくなり、数日前に人生初の日記帳を注文。本日届きました。毎日ルンルンルン♫できそうです。

体験談4　大好きな香りでルンルン♫（環さん）

私のルンルン♫はメモリーオイルのブレンド＆くんくん匂いを楽しむこと。そして大好きな人とのラブラブ写真です。スイッチがすぐ変わります。

体験談5　白無垢の試着を引き寄せ！（中川加奈子さん）

昨日、大爆笑「引き寄せシェア会」に参加しました♪　講座の後、Hさんに誘われて東京大神宮へ参拝。会館の中へ入ると、そこに白無垢と色打掛が飾ってありました。テンションが上がり、着ているところをシュミレーションするために写真をパチリ☆　10分後に「カツラの試着出来ますがいかがですか？」とお声掛けいただいて「いいんですか？」とノリノリでお返事したら「白無垢と色打掛どちらがいいですか？」と聞かれ、お写真まで撮っていただきました〜。ほんとに式を挙げたような不思議な気分で、超ラッキーな体験でした！

【ルンルンルン♫実験の大事な補足】

〝引き寄せ〟とは、「欲しいものや願望を引き寄せる」と多くの人が勘違いしがちなのですが、実は、「今の自分の気分」と同じものを〝引き寄せ〟ることです。

ですから、いくら欲しいものや願望を頭で思い浮かべても、「そんなの無理」「つらい」「悲しい」「寂しい」「願望は遠く彼方にある」と、あなたがもし心の底で感じていたら…。

その通りに「そんなの無理」「つらい」「悲しい」「寂しい」「願望は遠く彼方にある」という状況を〝引き寄せ〟てしまいます。この心の奥にある、〝今の心の状態〟を手放すことができたら、次の段階に進みやすくなります。

では、「そんなの無理」「つらい」「悲しい」「寂しい」「願望は遠く彼方にある」という心の奥にある思いをどうしたら手放せるのでしょうか？

耐えられないほどつらい出来事が起きた時は、無理に「ルンルン♫」しようとせずに、まず「そんなの無理」「つらい」「悲しい」「寂しい」「願望は遠く彼方にある」という、今のその気持ちにしっくりくる音楽を聞いたり、思い切り泣くなどして、スッキリすることが大切です。腹が立つ人のことを、「あの人、良い人よね…」なんて無理に言う必要はありません。パート1の41~42ページでも紹介しましたが、こんな時に役立つ、良い方法をご紹介します。

「そんなの無理」「つらい」「悲しい」「寂しい」などの思いがでてくるがままに、紙に好き放題書きなぐり、その後、決して読み返さずに紙を破って捨ててください。心が落ち着いてきたら、その心の状態で無理せずにできる「ルンルン♫」は何かなぁ？　と思い浮かべて、小さなことでいいのでやってみてください。

ヒロミの場合は、どんなに嫌なことがあっても、寝て起きたら全部忘れているので、後で紹介する「あなたが寝てる間に…実験」を取り入れ、すぐに寝るという合わせ技がルンルン♪して大好きです。このため、ヒロミは息子から「すぐ寝るサンダース」（ケンタッキーフライドチキンのカーネルサンダースの名前が由来）と呼ばれており、息子から届く携帯メッセージはいつも「起きてる？」が最初の挨拶です！

\ Let's TRY /

ルンルンルン♫実験

所用時間 ▶ 5分
準備するもの ▶ その時に応じて色々
目的 ▶ 自分をご機嫌にして、感情を意図的に変える体験をしてみる。
得られる効果 ▶ 楽しくなる。明るくなれる。前向きになれる。

あなたは、どんなことで「ルンルンルン♫」な気分になりますか？
良い気分になる場所や行動、シチュエーションを
書き出してみましょう。

「ルンルンルン♫」気分になる場所

MEMO

「ルンルンルン♫」気分になる行動

MEMO

「ルンルンルン♫」気分になる食べ物や飲み物

MEMO

「ルンルンルン♫」気分になる願望

MEMO

日頃やらないことをやってみることの効果

「ルンルンルン♫実験」は、あなた自身がご機嫌になることをおこなう実験でしたが、まず「自分が何をしたらご機嫌になるかが分からない」場合もあるのではないでしょうか？　意外に難しいと感じられたかもしれませんね。**そういう場合は、「いつもと違うこと」をやってみるとよいかもしれません。**

私たちは、過去の経験の中でしか思いつくことができません。今までご機嫌になる経験がなかったとしたら、「ルンルンルン♫」することはないということです。では、一体どうやって探せばいいのでしょうか？　人の話を聞いて気にいったことを「それいいな」と選んでみるのもよいでしょう。また、普段はやらない家族や同僚のプチ手伝いもよいかもしれません。これは、トイレ掃除や、持っている荷物を持ってあげるといった小さな親切のような手伝いです。家族や同僚は驚いて「どうしたの？」と言うかもしれませんが心の底では「ありがとう！」と感じているでしょう。いつもと違う相手の反応を見て、誰かの役に立っていると感じる時、生きがいを感じて幸せな気分になれます。

コツは、感謝してもらおうと見返りを期待しないで、徳を積む貯金「貯徳」をするくらいのつもりで自己満足でさらっとやること。これは、小さな「ルンルンルン♫」の楽しみになるかもしれません。そしてご褒美に、いつもは発泡酒にしているところを贅沢ビールにしてみるとか、普段の生活の中にあるほんの小さなことを探してみてください。また、日頃の自分なら絶対やらないような、少し「ズレ」たことをやってみるのも効果があります。

ヒロミはある時ふと、自分の髪が金髪だったらどうなるだろう？　と冗談半分で写真に金髪を当てはめてSNSに「へんし〜ん」と投稿したところ、意外にも評判が良くて驚き、日頃の自分なら絶対にやらない金髪のウィッグを購入しました。初めてなのでウィッグ屋さんを探すことから、店に行くことから、何から何まで初めてで「ルンルンルン♫」でした。ヒロミがウィッグで登場するのを楽しみにしていると言う人まで出てきました。

この、日頃やらない「ズレ」が笑いの元になり「ルンルンルン♫」となります。ウィッグまでは行き過ぎかもしれませんが、ちょっとした「ズレ」を感じる、いつもの自分ではやらないようなものごとを、毎日の生活の中にふと発見する目を持って暮らすようにしてみてくださいね。

空のフォルダに、夢を呼び込む！

5つめの実験は「未来先取りフォルダ実験」です。この実験は、自分の望む未来を実現するために〝空のフォルダ〟を先につくる実験です。

私たち人間は普段、容器や空間を「何かを入れるもの」として捉えています。「お茶碗にご飯をつぐ」「コップに水を入れる」「財布にお金を入れる」「カバンに持ち物を入れる」「家に家具を入れる」というように、容器や空間に何かを入れるという行動を幼い頃に学んでからずっとやり続けています。例えば、「車のガソリンが減ってきたので、ガソリンを入れに行こう」というのは当たり前すぎる自然な行動ですね。

また、容器や空間を空のままにしておくより、そこに何かを入れていくことの方が得意です。あなたにも次のような経験はありませんか？　例えば、古い洋服を処分してクローゼットにスペースをつくったのに、いつの間にか、違う洋服で一杯になった。あるいは、古い本

を捨てて本棚にスペースができたのに、すぐに新しい本で埋まってしまった…。

これは物理的な空間だけではありません。例えば、パソコンのメールボックスでいらないメールを削除したのに、またいつの間にかメールが溜まっている、などもそうです。

この「未来先取りフォルダ実験」は、この原理を逆手に取って利用するものです。どうするかというと、**「空っぽのフォルダ」というスペースをわざと先につくることによって、そこに意図した新しい何かを呼び込む**、という実験です。

そして、このフォルダに、望む内容のフォルダ名をつけていきます。このネーミングをつけた時に、パート1で紹介した「選択（チョイス）に注意！」が働き始め、あなたの脳はそれについての情報を探し始めます。また、そのフォルダを何気なく見えるところに置いておくことで、「プライミング効果」が期待でき、自覚のない行動が起こり、いつの間にかフォルダが一杯になっていくという体験をすることができます。

この時もし、「クスッ」と笑えるようなネーミングを思い付いたら、その名前にしてみるとさらに効果が期待できます。

〈未来先取りフォルダ実験〉

2種類の方法をご紹介します。やりやすい方法をどちらかやってみてくださいね。あるいは両方でもOKです。

方法①パソコンやスマートフォンで実験

まず、パソコンのデスクトップに新規フォルダをつくってください。
そこに、あなたが叶えたい夢に関するタイトルをつけます。例えば「バナナCafe」というカフェを開くのが夢だとしたら、フォルダに「バナナCafe」と名前をつけます。あるいは、「オーロラを観る旅」を実現したいなら、西暦も入れて「オーロラを観る旅○○○○年」というように名前をつけます。

そして、その名前をつけたフォルダを何気なく目につくようにそのまま置いておきます。
Googleドライブやドロップボックスなどのクラウドサービスを利用している場合は、リンクさせておくと、クラウドを開いた時に目につくのでさらに効果的です。

スマートフォンしか使わないという場合は、パソコンのようにホーム画面上にフォルダを表示させることはできませんので、ちょっとした工夫が必要です。工夫には次のような例がありますので、参考にしてください。

●ｉＰｈｏｎｅの場合、「写真」にアルバム作成機能があります。元々は写真を整理する機能ですが、望む未来を象徴するような写真をまず一枚撮影するか、既存の写真から選んで、アルバムを作成します。そして、名前を付けて入れておきましょう。

●スマートフォンにＧｏｏｇｌｅドライブやドロップボックスなどのクラウドサービスアプリをダウンロードし、そこから見るようにします。もしくはＦａｃｅｂｏｏｋを使っている人は、将来立ち上げたいと思っているグループページなどを「未来先取り」でつくります。

方法②書類ボックスやリングファイルで実験

同じことを実際の物理空間でもおこないます。パソコンにつくったフォルダと同じようにして、「未来先取り」で名前をつけた書類ボックスやリングファイルをつくり、空のまま何気なく目につくように棚やデスクに置いておきます。

〈未来先取りフォルダ実験体験談〉

私たちの体験談を少しお話しましょう。

真由美は新しいフォルダをデスクトップにつくり、「ホンヤク・コンニャク」という面白い名前をつけてみました。この「ホンヤク・コンニャク」フォルダをつくった時は翻訳の経験はありませんでした。日本語にまだ翻訳されていない素晴らしい英語の書籍がたくさんあるので、日本にも紹介できたらと思い、試しに遊び心でつくってみたんですね。

そしてその結果、『チョプラ博士のリーダーシップ7つの法則』を翻訳するご縁がやってきたのです！　その後も、３冊の翻訳やＤＶＤ字幕翻訳を手掛けるチャンスが舞い込んできました。現在、「ホンヤク・コンニャク」フォルダの中には、複数のサブフォルダーが存在し、それぞれのサブフォルダーの中にはたくさんの書類データが入っています。

ヒロミは「方法②書類ボックスやリングファイルで実験」をおこないました。ドリームスペースクリエイターの仕事のクライアントがまだいない時に、50音別に顧客リストが入るファイルボックスをつくりました。すると、数ヶ月しない間に１００人のカルテがこの中に入ることになったのです。

また、憧れていた数名の講師の先生の名前を書いた空のファイルボックスをつくって置いておいたところ、最初はお手伝いの話がきて、コラボセミナーなどをさせていただくようになり、現在ではその時書いたすべての先生と家族のようにお付き合いさせてもらっています。

フォルダを目につくところにいつも置いておいて、もし何か情報を見つけたりアイデアを思いついたら、フォルダの中に関連情報や写真などを入れてみてください。

「なんとなく見えているもの」がどれだけ潜在意識に入りやすいかは、そして自覚のない行動が起こってくるかは「実験③ホントは丸見え！実験」でもお話したので、よく分かってもらえていると思います。

今日、夢の名前をつけたフォルダをひとつ、つくってみてください。もちろん、「○○○のケーキ」など、小さな夢でも構いません！

体験談1 「学童保育の順番待ちが…」（W・Tさん）

子どもを学童保育に入れたかったのですが、なかなか空きがでないと聞いて、会社のパソコンのデスクトップに「未来先取りフォルダ」をつくってみました。待ちが6番だからしばらく無理と思っていたのですが、1人空きがでてなぜか入れると連絡がありました。すごいですね！

体験談2 セラピストとして（板垣智恵さん）

セラピストの資格取得を目指していた約1年半ほど前のこと。すでにその資格で活躍しているイメージで、本名とは別のセラピストネームを最初に考え、ノートの表紙に書きました。勉強したことや気付きをノートにドンドン書き込んで、いよいよ3冊目になろうとした時、セラピストとしての初仕事が舞い込み、「セラピストの○○です！」と自己紹介しました。これは本当に嬉しかったです。

体験談3 名字先取り（環さん）

メルマガなど、大好きな人の名字で登録して妻気分を先取りしてます。そうしたら、リアル世界でその名字で呼ばれました！ 名前を呼ばれた時、私の今の名字ではないので、耳は反応しつつも（大好きな人の名前なのでつい反応しちゃう）スルーしていたら、私のことで…。一瞬未来に行ったのかな〜とニヤニヤしました。

体験談4　セミナーの未来先取り（M・Mさん）

初めてセミナーを依頼されて開催が決定した時、第2回目もぜひ開催したいと思っていたので、セミナー2回目のフォルダーも同時につくりました。そうしたら、なんと2か月後に第2回目のセミナー開催が決まってびっくり！

体験談5　やりたいことのフォルダをつくりまくった！（A・Sさん）

「フォルダをつくっただけで、叶うわけない」と思いながらも、とりあえず試しにつくってみようと会社のパソコンにフォルダをつくりました。まずは、「ダンスを習う インド舞踊」。するると、なんだか楽しい気分になり、次々にフォルダをつくりました。「ベリーダンス」「月に一度のマッサージタイム」「イルカと泳ぐ」「クジラを見る旅」「瞑想の時間」「カリブ海旅行」ｅｔｃ…。それだけで、「あぁ、わたし、叶えたい夢ややりたいことは、ずっと変わっていないんだな。よし、これからは自分にやってあげよう」というあたたかい気持ちになりました。まずはさっそく、ダンスを習う夢が叶っています！

体験談6　娘と向き合う時間が増えた（A・Hさん）

3歳の娘を保育園に預け、バリバリ仕事をしていた私。心のどこかで「子どもとの時間を増やしたい」「きちんと向き合う時間をつくりたい」と感じていました。そこで、パソコンのフォルダに「○○○（娘の名前）との楽しい時間」というフォルダをつくりました。娘は発達や成長がのんびりなほうなので、「もっとじっくり成長や心を見てくれる保育園に通いたいな」とも感じていました。フォルダに「○○○○○保育園へ転園」とつくりました。

なんと数ヶ月後、通える範囲の区域に理想の保育園ができたのです！　しかし、そこに通うためには、私の働き方も時短か、もしくは自宅作業を可能にしてもらう必要があります。そこで、「自宅で楽しく仕事。自宅作業」というフォルダをつくりました。

現在、自宅作業の夢は叶い、娘と楽しく過ごす時間も増え、私が通いたいくらいハートの教育を大切にする保育園に通っています。フォルダの作成を通じて、自分の本当の願望や、それを実現するためのステップや行動すべきことが見えたからかなと感じています。

自分自身の願望を大切に扱うことができ、「どうせ無理だ」と決めつけていたのは自分だったのだなと実感しました。これから、自分自身の夢や本質にもっと向き合っていきたいです！　閉ざされていた扉を、自分自身で開けた感覚です。

\ Let's TRY /

未来先取りフォルダ実験

所用時間 ▶ 10分
準備するもの ▶ 空のフォルダ
目的 ▶ 望む未来のための「スペース」をつくり、そこに何かが入ってくることを体験してみる。
得られる効果 ▶ 夢の実現のために必要な情報やチャンスが集まりだす。

あなたは、どんな空のフォルダをつくりますか？
実際につくる前に、こんなこと叶ったら良いな！
ということを書き出してみましょう。

MEMO

「未来先取り」で変わる収納の習慣

「未来先取りフォルダ実験」では、望む物事に関する情報などを〝引き寄せ〟ることを目的に、パソコンのデスクトップや実際の書類ボックスをつくりました。でも実は、〝引き寄せ〟だけではないすごい効果があるのです。

書類の片付けが苦手で、パソコンの中が散らかっていたり、自宅や会社の机の上が資料の山という方もいると思います。また、毎日届くＤＭなども溜まっていきます。

その理由は、〝どれが必要で、どれが不要か瞬時に判断しづらい〟ので、そのまま置いておくといつのまにか溜まってしまうということではないでしょうか？

この「未来先取りフォルダ」は、「一年後」に設定して使う方法があります。実際に日々使うであろうと思われる現実的な「一年後の未来先取りフォルダ」を作成すると、片付けまでうまくなります。

まず、幸せに生活している一年後を思い描きながら、フォルダに名称をつけていきます。

この時点では、そのフォルダはまだ空のままです。そこに、一年後の自分になったつもりで、今ある資料やＤＭを入れていくのです。この方法で、「とりあえず」取ってあった多くの資料や書類が不要なことに気づき、廃棄処分となるはずです。例えば、家を建築する際に、よく考えないで造れば、すぐにあれが足りないこれが不便となり、リフォームが必要になります。しかし、10年後を見据えて計画を練り家を建てれば、10年間はリフォームの必要はありません。

これと同じで、「一年後設定の未来先取りフォルダ」を使う習慣がつくと、資料や書類の「いる」「いらない」の判断基準のラインが現実的にハッキリしていきます。そして、いつも快適なフォルダ内の保管状況をキープすることができ、さらに、そのフォルダ名をみて一年間生活するうちにプライミング効果が発揮されて、それを〝引き寄せ〟ます。また、現実的にフォルダが片付いていることにより、資料や書類を探す時間が短縮されるため、生活や仕事の効率が良くなります。結果、今までより時間の余裕ができるようになることも、この手法の良い点です。

「眠りの時間」で自己暗示♬

6番目の実験は、真由美とヒロミも絶大な効果を感じた「あなたが寝てる間に…実験」です。パートⅠで紹介した「ビジュアライゼーション」を使って、夜寝る前に、あなたが「望む」ことをイメージする簡単な練習です。

努力しなくても、潜在意識だけの世界になる〝眠りの時間〟。これを活用して、眠る前に良いイメージを思い描き、気分や考え方、行動に変化が起こる体験をすることが、この実験の大きな目的です。

あなたは夜寝る前、どんなことを考えていますか？

「ベッドに入ったらすぐ寝てしまうから、何も考えていない」という人は、ベッドに入る前にどんなことを考えているか、自分の思考に少し注意を向けてみてください。

もし考えていることが、今日起こった嫌なこと、人間関係の悩み、お金や将来の心配、明日やらなければいけないことなどだとしたら、とてももったいないことをしています。なぜなら、眠っている時は顕在意識が働かず、潜在意識だけが全開となる「ゴールデンタイム」だからです。「私にはやっぱり無理かも」「そんな夢叶うわけない」というような邪魔な思考も出てこないので、寝る前にあなたが「望む」ことをイメージすれば、それがダイレクトで潜在意識に届きます。

逆に、寝る前に「望まない」ことをイメージするとどうでしょうか？　起きている時は顕在意識（思考）が働いてくれているので、「望まない」ことに注意が向いていると自分で気づけば「キャンセル」することができます。しかし、眠っている間は顕在意識（思考）は働かないので「キャンセル」もできず、起こって欲しくないことに自己暗示をかけてしまうことになってしまいます。

ですから、眠る前の貴重な5分間に、あなたが望む出来事をイメージしてから眠りにつくことを強くおすすめします。そうすれば、潜在意識だけになる眠りの時間に自己暗示を自然に入れることができ、朝もその気分のまま目覚めることができます。一日を良い気分で過ごすことができると、行動も変わり、結果も変わってきます。

〈あなたが寝てる間に…実験〉

夜眠る前にまず大きな深呼吸をして、心から願っている物事がうまくいった場面をイメージします。イメージする時は、起きている時と同じように、自分の目で外側の世界を見ている情景を想像します。

例えば「結婚」という望みがあるとしたら、次のような質問に答えられるようイメージします。

*どんな式場にいますか？（教会？　神社？　ホテル？レストラン？）
*どんなドレスまたは着物を着ていますか？
*誰が祝福してくれているか見えていますか？
*左手の薬指に結婚指輪がはまっている感覚はどんな感じですか？
*どんな音が聞こえていますか？（パイプオルガン？　大好きなアーティストの曲？）
*どんな気分ですか？（緊張している？　静かな喜び？　満面の笑み？）

多くの人が持つ望みの中に「お金が欲しい」というのがあります。しかし、実は欲しい物は「お金」そのものではなく、「お金」で手に入ると思っているものなんです。

例えば家の購入だったり旅行に行くお金だったり…ですよね。お金だけを見ると紙幣と硬貨という物質で何の働きもしませんから、現金だけをイメージしてもなかなか良い結果が得られません。

そこで、お金を使って「○○をしたい」「○○という気分になりたい」という目的の「行動」「感情」をリストアップしてみてください。例えば、充分なお金が手元にあったとしたら何をするか考えて、「家族と外食に行く」とか、「友人と旅行に行く」といった場面をイメージして眠ります。まず、1つ選んでやってみましょう。

例えばあなたの望みが「オーロラを見に行く贅沢な旅」だとしたら…

＊空のどの辺りにオーロラが見えていますか？
＊気温は何度くらいで、どんな服装をしていますか？
＊誰と一緒で、どんなことを話していますか？
＊どんな気分ですか（飛び上るほど嬉しい？　感動して涙が出る？）

このように、できるだけ具体的にイメージをすること。そして視覚、触覚、聴覚、味覚、嗅覚という、五感をフル活動させて想像すると効果的です。

イメージすることに慣れていない場合は、最初は少し難しいかもしれませんが、毎晩繰り返しおこなっていると、やがて現実と勘違いしてしまうほどリアルに想像できるようになってきます。そしてイメージしている間に、感情まで出てくるようになれば大成功です。

ちょうど、昔の楽しかった経験や成功体験を思い出す時のような感覚です。「あ〜あの時のデート楽しかったな〜」とか、「あの試合で勝てた時、最高の気分だったな」と思い出す時、自然に表情がゆるんで笑顔になったり、ニヤニヤしたりしませんか？　そんな感じでやってみてください。

この方法は、想像を超える効力を発揮する可能性があります。今夜からぜひ実践してみてくださいね。

〈あなたが寝てる間に…実験体験談〉

この「あなたが寝てる間に…実験」は、真由美とヒロミの体験でもお話しするように絶大な効果があり、どうして叶えてよいか分からないようなかなり大きな夢でも叶います。

「家族の友好な関係」というのは、一度壊れると修復するのはなかなか困難なものです。ヒロミには以前、家族や親戚との関係が悪くなった時期がありました。原因をつくったのはヒロミで、関係を改善したり解決できる見込みはありませんでした。ある日ふと思い立ち、全員が笑顔でいる写真をクルーズ船舶の写真の上に貼り付けてみたのです。眠る前にその写真と同じように、全員が笑い合い思いやり合っている情景を思い浮かべて、何ともいえない幸せな気分に浸りながら眠りに入るようにしていましたが、そのうち忘れてしまいました。現在はまさに、家族親戚がとても良い関係です。どうして解決したらいいかまったく分からなかった問題は、思いもよらない想定外の出来事がきっかけとなりすべて解決し、家族と親戚の幸せな笑顔と思いやり合う関係が現実になりました。

次に、子供が生まれて育休中だった時の真由美の体験談をお話します。

当時勤めていた英語学校は夜に授業があったため、子供を保育所に預けて昼間に働ける職場に変わりたいと思っていました。そこで、非常勤で働いていた大学でフルタイムで働きたいと思い、自分の名前が研究室のドア横に書かれてあるイメージをしながら毎晩眠りについていました。するとしばらくして急に1人空きがでることになり、何人もの候補の中から真由美が選ばれたのです。「これで新学期から子供を保育所に預けることができる」とホッとし、イメージした通りに自分の名前が書かれてある研究室で働けることに喜んでいた矢先に、信じられないことが起こりました。働いていた英語学校が経営破綻し、吸収合併されるという騒ぎになったのです！　この体験を通じ、自分の思考では到底予想もできないことでさえ潜在意識はキャッチすることが可能であることを実感しました。

願望はすぐに叶うこともありますが、最高のタイミングが来るまで少し時間がかかることもあります。夢が叶うまでの期間に毎夜「そんなこと本当に起こるの？」という疑いが先行して、願っていないネガティブなことをイメージしながら眠るのは一番よくありません。

ですから、まずは実験①で「バナナ」を引き寄せて、「ホントに来た！」「〝引き寄せ〟ってあるんだ！」と体感して、確信を得てからこの実験をおこなうようにしましょう。

\ Let's TRY /

あなたが寝てる間に…実験

所用時間 ▶ 5分
準備するもの ▶ 夜、眠る前の静かな時間
目的 ▶「潜在意識」だけになる時間帯を活用することで、「顕在意識」(頭)で考えなくても有益な答えや結果が得られる体験をする。
得られる効果 ▶「潜在意識」を活用できるかもしれない、という自信がつく。

あなたは普段、寝る前にどんなことを考えているでしょうか?
どんなことを考えているか、目覚めの状態と共に、
気づいたことを書き出してみましょう。

MEMO

「自動操縦モード」への切り替え〜なぜ習慣づけが大切なのか？〜

パートⅠの「選択（チョイス）に注意！」でもお話ししましたが、脳は重要だと捉えていることを優先的に選んで処理しています。例えば、自分の名前は生まれてからずっとあなたにとっては「重要」なことなので、自分で気をつけていなくても自分の名前にはすぐ反応するようになっています。この無意識でやってくれる「自動操縦モード」を活用しない手はありません。「自動操縦モード」は、自分で意識したり努力する必要がないので、「知らず知らず」やってしまう楽々モードです。

習慣も「自動操縦モード」の一つです。歯磨きの例でもお話ししましたが、「まずコップを取って、それから歯磨き粉の蓋をあけてそれから」という手順を考えずにおこなっています。身体だけではなく、**〝思考も習慣〟**ですから、自分の「望む」ことにいつも注意を向けて考える癖をつければよいのです。一度習慣になってしまえば、あとは「自動操縦モード」になり、努力も自覚もなく勝手にやってくれます。「習慣は第2の天性」という諺の意味がここにあります。

「自動操縦モード」に切り替わるには、ある一定期間の継続が必要だといわれています。内容や人により必要時間は違うかもしれませんが、、例えばある習慣を身につけるのに3週間必要だとすれば、最初の21日間は意識する必要があり、22日目あたりで意識しなくてもおこなう習慣になっていると気づきます。習慣になるまでは「やろう」とする意志や努力は必要です。しかしその後は、楽々「自動操縦モード」になるのです。例えば今は、「今日嫌だったことを思い出す」癖があるとします。これを「今日どんな良いことがあった?」という質問に変え、毎日21日間投げかけ続けることで、「良いこと」に注意を向ける思考が習慣となり「自動操縦モード」へ切り替わります。その後は、努力しなくても「どんな良いことがあった?」と知らず知らずに問いかけるようになり、「なぜか分からないけど、最近良いことが起こるようになってきた」と思うようになるでしょう。

もし、一つの思考習慣を21日間で身につけることができるとしたら、1年あれば365÷21=17。17個の新しい思考習慣を身につけることができます。その頃にはあなたの人生はきっと激変していることでしょう。そしてこう言うのです。「なぜか分からないけど、最近、人生がうまくいく」と。そう、「知らず知らず」に…。

実験
7

「お金は出ていく」思考を書き換える

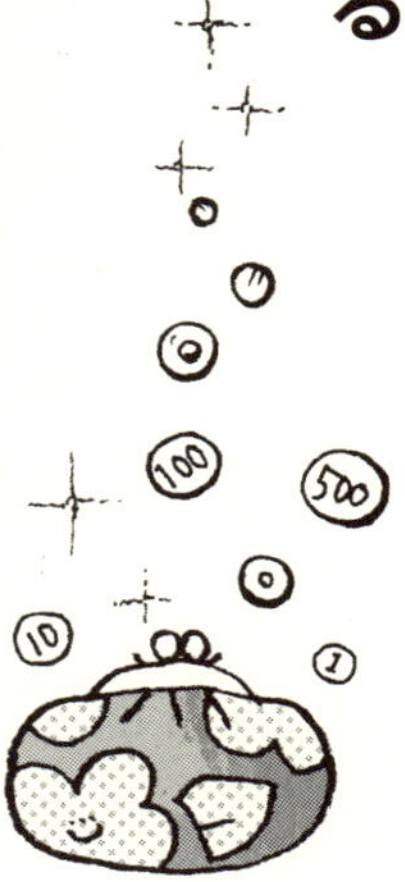

最後の実験は、「小銭さまありがとう実験」です。

「お金を1円しか持っていなくても、1億円を持っていても、どちらの状況でも幸せ、というのが究極に豊かな人だ」ということを前提としてお話していきます。

ここでは、「お金が欲しい」と望んでいるのに、逆に「入ってこない」という場合の入門編として、〝お金に対するイメージの、小さな書き換え〟実験を紹介します。この最初の一歩が、これからの大きな一歩となります。あなたのお金に対する捉え方が、「お金は出ていくもの」「お金は使って減るもの」から、「お金は入って来るもの」「お金は増えるもの」に変わるまで、繰り返しおこない続けます。この実験で、現実的な貯蓄額が増えていくところも魅力です。

お金は、「出て行くもの」「使って減るもの」だと潜在意識が思い込んでいる時の行動は、その通りの現実を〝引き寄せ〟ます。

私たちは1日に何度も小銭を使っています。スーパー、コンビニ、駅など、今日1日、支払った先を考えただけでもかなりの回数になるのではないでしょうか？　そこで、この小銭を使う行動のほこ先をちょっと変えてもらいます。財布の中の小銭を毎日貯金しに行っていただきます。

今、「毎日貯金しに行く」と聞いただけで、「面倒くさい」と思いませんでしたか？　セミナーでこの実験を紹介すると、多くの方が眉をひそめて「え…」という顔をされます。この時、日に何度もお金を使うのは面倒ではないのに、貯金するのに銀行に行くのは面倒くさいと感じているのです。言い換えると、「お金が欲しい」と思っているつもりが、実際には「減るのが当然」と思っていて、「銀行に貯金を増やしに行くのは面倒くさい」と感じています。あなたはそんなつもりはなくても、「貯金（お金を増やすこと）は面倒くさい」と潜在意識で思っていますから、お金が増えることはありません。

会社員の方の場合は、月に一度の給与振込日にお金を引き出しに行く際、通帳を持って行くという方が多いでしょう。この時、機械で記帳される「ジジジジ…」という音を聞くと「引き落とし」をイメージしませんか？　この「ジジジジ…」という記帳音を聞いた時の感覚が、「どのくらいお金が増えたかな？」に変わった時、あなたの潜在意識が書き換えられたといえます。

また、「お札」と「小銭」は同じお金なのに、「お札」だと「崩すのが嫌だから」と何かを買おうとする前に本当に欲しいかどうかを考えますが、「小銭」だと「小銭が余っているから」と深く考えずに使ってしまう傾向が私たちには見受けられます。この小銭は、銀行に入れた途端に「余りもの」からお札と同じ「お金」に心理的にランクアップするのです！　さらに、小銭を銀行に入れた方が〝無駄遣いが減る〟という良い傾向も期待できます。

小銭を使ってこの実験をおこなうのには理由があります。

一つ目の理由は、お札を毎日入金するのは金額的に負担に感じることがあるからです。もう一つの理由は、「毎日１０００円なら、１カ月で３万円貯まる」と合計金額が先読みできてしまうので、「じゃあ、面倒だから月に３万円入れておこう」と考えることもあるでしょうし、ずっと続く習慣になりにくいのです。

毎日、いくら財布に入っているか、数えることもない余っている小銭を入金してみてください。定期的に記帳に行くようになると、「ジジジジ…」という音を聞きながら、「いくら溜まったのかな〜？」というワクワク感も出てきます。

今、実験したいのに千円札しか入金できないという時は奮発して、千円札を活用してくださいね。それでは早速やってみましょう！

〈小銭さまありがとう実験〉

今日から、日に一度以上、銀行やゆうちょに「財布の中の小銭さま」を入金しに行ってください。

金額は関係ありませんので、1円でも999円でも、合わせたら数千円を超える小銭でも同じように、一度に入金します。こうすることで、財布の中には常にお札しかない状態になります。

キャッシュカードで入金をして、10回ほどおこなったら記帳します。10回キャッシュカードで入金してから記帳をすると、「ジジジジ…」と連続して10回入金の音がしますので、この「連続するジジジジ音」を聞くのが目的です。ATMの列に並んでいる人は、「この人、たくさん引き落とされているんだな」と感じるかもしれませんが、実は預金額が増えていく「入金記帳」の音です。

この「ジジジジ音」＝「入金」の感覚があなたにとって当たり前になったら、キャッシュカードを使わずに直接通帳で入金して、その都度「ジジジジ…」と記帳音を聞いても大丈夫です。この「音」を聞いた瞬間に感じる感覚を変えることが大切なので、最初はキャッシュカードを使って入金し、しばらくしてからまとめて記帳するようにしてください。

銀行により違いがありますが、ある回数以上入出金があると、複数の記録が一行にまとめられてしまい、後日郵送されてきたり、店舗でその明細を出してもらわないといけないこともあります。また、ＡＴＭによっては、小銭を入金できる投入口が狭かったり広かったり、小銭を入金できる時間帯も違います。このような、今までは気づかなかった点も楽しみながら調べて実験してみて下さい。

近くに小銭を入れられるＡＴＭがないという場合でもできる、いくつかの例をご紹介しておきますね。

＊車で買い物に行く人
↓車で買い物には行くのだから、銀行やゆうちょのATMにも行ってください。
＊会社員で時間がないという人
↓ランチや通勤のついでに駅前のATMにも行って下さい。
＊どうしても近所にないという人
↓数日分の小銭を箱に入れておき、こまめにゆうちょや銀行に持参しましょう。銀行により小銭の入金に手数料を取られる場合がありますので注意してくださいね。

この「小銭さまありがとう実験」を自宅の貯金箱で行うと、成功率は下がります。貯金箱の入口が狭くて入れにくいことや、今まで満タンになったことがないという過去の体験をイメージしてしまうことなどが考えられます。何よりも、「ジジジジ…」という連続音を聞くことがこの実験のポイントなので、銀行やゆうちょを利用して実験して下さい。

小銭を毎日貯金しに行くという行動が、息をするのと同じような習慣になったら、「お金を使う」以上に「お金は増える」ことが考えなくてもできる習慣になった証拠です。

〈小銭さまありがとう実験体験談〉

体験談1　給料とボーナスがアップ！（匿名）

「小銭さまありがとう実験」を始めたところ、理由は分からないのに給料が〇〇万円、ボーナスが〇〇〇万円も増えました！　私の能力は変わっていないと思うし、会社の業績も前年と変わらないのに、なんで増えたのか分かりません。

体験談2　お金が貯まる！（匿名）

「小銭さまありがとう実験」をしたところ、お金が意外にも貯まることにびっくりしました。1万円貯まったら定額貯金にしていたら、14万円も貯まっていました！

今月、出張があったため入金しに行かなかったのですが、（本当は出張先でも行けたはずなのに）、出て行くお金が増えていることに気づき、慌ててまた実験を始めました。すると以前のようにまた無駄遣いが減り、貯まる方向になりました。面白いですね！

【小銭さまありがとう実験の大事な補足】

お金が不足している状況の問題点は、

「お金が欲しい」

と強い執着を持ちながら、

「今、ない」

と強い思いで思考し続けていることです。


その思考は深く潜在意識に刻まれてしまい、「お金が今、ない」を〝引き寄せ〟続けることになります。

ここでは、その強い思い込みを消す最初の一歩として最適な、誰にでもできる簡単で現実的なものを取り上げました。お金に関する実験はこの他にも、楽しく実践できる実験がたくさんありますので、またの機会にご紹介していきたいと思います。

\ Let's TRY /

小銭さまありがとう実験

所用時間 ▶ 5分の寄り道
準備するもの ▶ 財布の中の小銭、キャッシュカード、通帳
目的 ▶「お金」に関するイメージを少し書き換える。
得られる効果 ▶ お金は「出て行くもの」「使って減るもの」という思い込みが、「入って来るもの」「増えるもの」というイメージに変わる最初の体験ができる。

「お金があったら…」、あなたはどんなことを願いますか？
「ハワイ島に行く」などのように、
その目的を書き出してみましょう。

MEMO

お金がないと無理？

何かやりたいことができた時、夢を描く時、私たちの注意はすぐ「どうやったらできるのか？」という手段に向いてしまいます。私たちが「そんな夢を叶えるなんて無理！」と思う最大の理由の一つが、おそらくお金でしょう。

大抵の夢はお金が必要なので、「この夢を叶えるためには〇〇円くらい必要だから、自分には到底無理」とか、「この夢を叶えるためるためには、自分の給料では〇〇年、働かないといけないな」という思考に自動的になってしまいます。

私たちは「お金がない＝できない」とほぼ自動的に思う癖があります。ですが、夢を叶えるために「お金がないから無理！」というのは実は思い込みです。お金は夢を叶えるための一つの手段にすぎません。あなたの欲しい物は、「お金」そのものではなくて「お金」を使って叶えたいものであるはずだからです。

例えば、「お金が欲しい」のは、「家族全員で海外旅行に行きたい」からだとしましょう。ここであなたの本当に望んでいるものは「お金」なのではなく「家族全員での海外旅行」ということです。夢をイメージする時には、「手段」ではなくて、この「本当に欲しい物」をイメージしなくてはなりません。あなたの望む「家族全員での海外旅行」が、自分の収入で可能な範囲なのであれば、資金計画を立ててください。しかし、もしそれが到底無理な金額なのであるならば、あなたがすることは「どうやったらできるだろう?」と手段を考えることではありません。その夢が叶った時のことをありありとイメージすることです。

訪れたい場所の写真を集めたり、家族全員でその景色の前で撮ったような合成写真をつくって待ち受け画面にしたり、その場所でどんな会話をしているかどんな食事をしているかをイメージしたり、自分の感情が「嬉しい・楽しい・ワクワク・ニヤニヤ」することをしてください。「お金がないと叶わない」と思っているのはわずか10%の顕在意識(思考)の部分です。「お金」がなくても、実はさまざまな方法で実現することがあるのです。

例えば、私たちの宝地図セミナーを受講していた一人の方は、ハワイが大好き。ハワイの写真を部屋に貼りました。それから数日後に、「親戚がハワイで結婚することになり、招待されたんです!」という報告が来たことがあります。

ヒロミの場合は、海外でしかおこなわれていなかったあるセミナーに興味がありましたが、渡航費に加え高額なセミナー代が必要なので躊躇していました。しかし、恩師がそのセミナー

に招待してくれたのです！　しかしながら海外なので往復の飛行機代が何十万かかるだろう

と検索してみると、当時、倒産の危機にあったＪＡＬがありえない激安価格で往復チケットを出していたため購入。また、空港の近くにあるお得で良質なホテルを紹介してもらい、航空チケットとホテル代を合わせて数万円でこの海外の高額セミナーに参加することができました。しかも、ホテルの近所には屋台があり、２００円も出せば美味しい食事が食べられました。さらにそのセミナーで、潜在意識が肉体に及ぼす影響を体感しました。

講師の指導に沿って、「火のついた炭は熱い」という、普通なら〝当たり前〟と思うようなことを「冷たい」に変えて、歩いているイメージをし続け、潜在意識を書き換えます。そうすることで、実際に炭火を熱く感じずに「火渡り（ファイアーウォーク）」ができたので、「火のついた炭の上を歩くのは無理」「火がついた炭は熱いに決まっている」という常識が私の中でガラガラと崩れました。このセミナーの参加者数千人から一万人を超える全員がセミナーの成果としておこなうので、自分一人に起こった奇跡ではないですし、全員の常識が私と同じように崩れたはずです。ヒロミは少額で参加することができた海外セミナーで、人間の潜在能力のパワフルさを身を持って確信することができ、これまでよりさらに「潜在意識の凄い力」を活用していく強い自信まで得られることになりました。

信じられないかもしれませんが、すべて本当にあった話です。このように、「お金」を介さずに、または小額で夢が現実になることも実はたくさんあるのです。

こういう話を聞いて「そんなことあり得ない。偶然に違いない」と思うとしたら、このようなたくさんの例に触れることで、「そういうこともあるかもしれない。自分にも起こるかもしれない」と、少しだけ考え方を変えるところから始めてください。「お金がないから無理」というほぼ自動的に起こってくる思考の癖を、「さまざまな方法で叶う可能性がある」という思考に書き換えてみようとすることから変化が始まるのです。

パート1の「選択（チョイス）に注意！」でおこなったクイズを覚えていますか？　本当はすべてあるのに自分の注意が向いているところしか認識できないのが人間です。「もしかしたらあるかも」と思って見てみると、「な〜んだ。こんなところにあった」と気づきます。お金に関しても実はそうです。「お金がないから無理」と思うのではなく、「本当にそうだろうか？　さまざまな方法で自分の望むものがやってくるかもしれない」と、考え方を変えると見えるものが変わってきます。

「お金がなくても、望むものを手に入れることができた」という経験も、小さなことからでいいのでぜひ実験してみてください。コーヒー一杯からでもＯＫです。

PART2 復習

“引き寄せ”成功へのSTEP

実験①

まずは、執着のないバナナから“引き寄せ”て、“引き寄せ”に慣れよう!

↓

実験②

望まない現実を“引き寄せ”てしまう思考癖や口癖に気づき、キャンセル!

↓

実験③

叶えたい夢を表す写真を待ち受けにし、潜在意識に知らず知らず落とし込む。

↓

実験④

あなたの感情の状態と同じものを“引き寄せ”る。ルンルンルン♫でご機嫌に。

↓

実験⑤

空の「未来先取りフォルダ」で、願望を呼び寄せる。自分の願いも明確になる。

↓

実験⑥

眠りの時間は絶好の願望落とし込み時間。この時間を有効活用しよう!

↓

実験⑦

お金に対する思い込みを毎日の行動で変化させる。お金を増やす土台をつくる。

＼真由美＆ヒロミに質問！／

引き寄せ実験 Q&A

「引き寄せ実験」に寄せられた質問と、その答えを紹介します。
参考にしてみてください。

Q 実験①「バナナの引き寄せ実験」がうまくできません。これは、どのくらいの期間を目安におこなえばよいのでしょうか？

A 非常に良いご質問です。「うまくいかない」と悩み、バナナのことをずっと考えている間は、望むものが手に入らなかった今までの習慣と何ら変わりません。「バナナのことを忘れて放っておく」ようにしてみてください。「バナナ」はそこらじゅうに必ずありますから、きっと忘れた頃に「あ！バナナ発見！」となりますよ。

そして、「本当は現れていたのに気づいていなかった」ということもよくあります。１～２週間様子を見て「バナナ」が現れなかったとしても気にせず、しばらくは忘れてまた思い出したころに再挑戦してみてください。真由美も最初にこの実験をした時は、「バナナ」の“引き寄せ”ができませんでしたから…（笑）。真剣になり過ぎないことがポイントです。

実験②「ラストキーワード大逆転実験」で、ネガティブなことばかり考え、発言していることに気づきました。この思考は、変えられるものなのでしょうか？無理やりポジティブになろうとするようで、抵抗があります。

おめでとうございます！　ネガティブなことを考えるのが得意な性質の人の方が「ラストキーワード大逆転実験」がうまくいく確率は高いんです。抵抗を感じるのは、無理にネガティブな思いのエネルギーを消したり変えようとしているからかもしれません。実は、「向きを逆に変える」だけで、消したり変えたりはしていません。そもそもエネルギー自体に良し悪しはなく、ネガティブ・ポジティブという方向性があるだけです。この実験の素晴らしいところは、ラストキーワードに乗せることで、ネガティブなことを考えた瞬間の強力なエネルギーをそのまま、“エネルギーの向き”を逆に変えて転用できるため、ラストキーワードが叶いやすくなるという点です。

実験③「ホントは丸見え！実験」ですが、設定した写真の存在を常に意識してしまいます。忘れることができません…。どうしたらよいのでしょう？

良い質問をありがとうございます！　常に意識し過ぎるのが叶わない理由で、忘れて背景になってから効力を発揮するのがこの実験の特徴です。「気にし過ぎて忘れることができない」という場合は、お部屋に飾った写真は押入れの中に片付けてください。待ち受け画面にした場合は、携帯の写真を表示させないようにしてみてください。実際のセミナーでも、「気にし過ぎるようなら１ヶ月ほどしたら片付けて、忘れてください」とお伝えしています。忘れた頃に、何かが起きるはずです。

Q 実験④「ルンルンルン♫実験」ですが、嫌なことから逃げたくて、ルンルンルン♫ばかりやりたくなります。

A あなたの思考ぐせが、「嫌なことから望むことに向ける習慣がつき始めている」ということですから、素晴らしいことです！ ただし、あなたのルンルンルン♫が、収支バランスに合わない買い物や旅行を続けてローンが残ったり、人に迷惑をかけるようなことであればおすすめできません。その場合は、花を買って部屋に飾るというような無理なくできる内容であったり、人にちょっと親切にしてみるといった感謝される内容に変えて続けてみましょう。そうすると嫌なこと自体がなくなってくるので、何もしなくても毎日がルンルンルン♫に変わってきますよ。意外にも自分のことよりも、「ありがとう」と言われて誰かの役に立っていると感じる時に、人はルンルンルン♫となるものなんです。

Q 実験⑤「未来先取りフォルダ実験」ですが、フォルダにつける名前は「○○○したい」など、願望のままじゃNGですか？「○○している」とか、言いきりの形にしたほうがよいのですか？

A フォルダ名は「名詞」でつけましょう！　例えば「イタリアに行きたい」ではなく「イタリア旅行」というふうにします。ご質問の通り「したい」は、今それがないという意味なので、「ない状態」を“引き寄せ”てしまいます。文章で書く場合は「している」と現在形で言い切ることもOKですが、今実際に使っているフォルダに「この書類を片付けている」と文章で名前をつけたことがありますか？　たぶん「整理中書類」などと名前をつけるのではないでしょうか。このように、今やっているのと同じ感覚で名前をつけてみてくださいね。

Q 実験⑥「あなたが寝てるまに…実験」ですが、すぐに寝てしまうか、眠れずにどんどんさまざまな思考が広がり、良いイメージに集中できません。

A すぐに眠ってしまう場合は、「一瞬でもイメージして眠れたら有効」ですから安心してください。眠れずに集中できないという場合は、出てきたものごとすべてにハッピーエンドを付け足して思い描いてみてください。実験②「ラストキーワード大逆転実験」との合わせ技です。繰り返しているうちに眠りに入れば、たくさんの願望を強いエネルギーでイメージしてから眠れるので超お得ですね！　続けているうちに“引き寄せ”体験が起こり、やがて、自然に眠る前に楽しいことを考える習慣に変わっていきますよ。

Q 実験⑦「小銭さまありがとう実験」ですが、どうしても面倒で実行に移すことができません。どうしたらよいでしょうか？

A 自動販売機でジュース、スーパーで食材を買うということは面倒に思わず、毎日自然にしていませんか？　しかし、入金が面倒くさいと感じているならば、まさしくその「お金を使う>お金を貯める」習慣のバランスを「お金を使う<お金を貯める」に改善する必要があります。これを実践することができたら、“現実的にお金が増える”という結果を得ることができます。

どうしてもこの実験ができない時に使える方法を一つご紹介しましょう。お金を使う際、例えばコンビニで水を買う時に、「誰かが樹脂を採り流通させ金型をつくり、樹脂を流し込みペットボトルをつくり、採取した良い水を詰めて企業として流通させ、ようやくコンビニの店員さんから私の手に届いた。この大掛かりな仕事を、百円前後と交換させてもらいとてもありがたい」と、“ペットボトルの水をつくった労働”と“お金を交換”していることに意識を向けてください。すると、実験⑦と同じような効果を得ることができます。

Q 「幸せになりたい!」が願望です。どのように“引き寄せ”をおこなっていったらよいでしょうか?

A まずは、実験①「バナナの引き寄せ実験」を楽しんでみてください。「幸せになりたい」と考え続けている限り「今幸せではない」と思っていることなので「幸せではない」状態が“引き寄せ”られ続けます。執着が無いバナナで“引き寄せ”のコツをまず掴んでから、次に進みましょう!

何が手に入れば幸せだと感じるかは人それぞれですが、まず、今、幸せな気分でいられるようになることが大切です。幸せを感じるというのは、能力・筋力のようなものですから。

Q まずは「お金が欲しい」のですが、どのように“引き寄せ”をおこなえば手に入りますか?

A 「お金が欲しい」と思っている間は「今、お金がない」と感じていますので、お金がないことを“引き寄せ”てしまいます。使うことで初めて価値が生まれるのがお金です。あなたが欲しいのは「お札」そのものではないはず。あなたはお金があったら何に使いますか? それによって何を得たいのでしょうか? どんな気持ちになりたいのでしょうか? 優越感でしょうか? 安心感でしょうか? それとも好きな服を着たり、新しいお気に入りの家で暮らす楽しさや満足感でしょうか? 誰かが喜ぶ顔をみたいからでしょうか?

お金はあなたが欲しいものを手に入れる手段です。お金で何が欲しいのかをまず明らかにしてくださいね。例えば、「家族全員が、毎日笑顔で暮らせる家を買いたい」「両親を温泉に連れて行ってあげたい」などです。そしてお金自体ではなく、お金で手に入れたい“本当に欲しいもの”に注意を向けてください。あなたの欲しい物は、もしかしたらお金を介さずに手に入ることもあります。

家族や同僚がネガティブ思考で困っています。どうしたらよいでしょうか？

まず、他人を変えようとするのをやめましょう。この場合、困っているのはあなたで、家族や同僚ではありません。ですから、あなた自身の問題です。

あなたが、望まないものから望む物事に目を向けることで、見え方、感じ方、受け取り方が変わって来ます。家族や同僚の良いところが一つくらいはあると思いますので、その点を探して見ていきましょう。受講生さんの中にもこれをおこなうだけで家族や同僚が劇的に変わって驚いたと言う人がたくさんおられます。自分が変わることで周囲に伝染していくという、20年間おこなわれた調査結果も実際にあるくらいです。他人に目を向ける前に、自分の思考に目を向けて、“どんな状況でもハッピーでいられる私”に変わりましょう。

やりたい仕事があるのですが、どうしたらその仕事を“引き寄せ”られるでしょうか？

すでにその仕事に就いている自分をイメージしましょう。そして、必要な技能を身につけ、淡々と準備を整えます。するとある時“偶然”とも思えるチャンスが訪れます。この瞬間に「はい!」と俊敏にそのチャンスを受け取って、やりたかった仕事を始めてください。いつチャンスが来てもいいように準備を整えておくことが実現のコツです。

Q よく「“現在形”や“完了形”で願望を書いたほうが良い」といわれる理由はなぜですか?

A 「夢を叶え、幸せになりたい」と思う時、“現在”から“未来のある時点”まで努力を続けます。つまり、“現在”は夢が叶っておらず幸せではないという意味になります。ところが、私たちが現実に存在できるのは“現在”だけで、過去にも未来にも、存在することはできません。ですから、「最高の気分」を毎日連続して、今を感じながら生きる人生が、幸せに生きられるコツであり、それこそが夢が叶っているという状態になります。つまり「現在形」「完了形」で願望を書くことによって、私たちが存在可能な“現在”に「最高の気分で今を生きている」という表現になることが理にかなっているために、そのように書くようにすすめられている理由です。

Q 「ありがとう」や「感謝」が大切といわれる理由は何ですか?

A さまざまな本やセミナーで語られているとおり、「ありがとう」や「感謝」こそが人生を幸運に導くキーワードです。一言では説明できないほどの深い意味があるのですが、今ここでは、シンプルで科学的な意味についてお話ししましょう。

パート1の「選択(チョイス)に注意!」でも説明されているように、もし目の前にある物事に対して「不満」や「怒り」に注意を払い選択すると、脳はそれを探し出します。逆に、「ありがとう」や「感謝」に注意を払うと、脳はそれを探し出そうとするため、あなたの人生には「ありがとう」や「感謝」することが増えていくことになります。

Q 本当に“引き寄せ”たいものは、
「素敵な恋人」や「結婚相手」です。
でも、どうしてもうまくいきません。男性に出会っても、
「何か違う。どこかに私の理想の人がいて、
いつか“引き寄せ”られるはず」と思ってしまいます。
一体、いつ“引き寄せ”られるのでしょうか？

A 「高学歴・高収入・見た目」といった“条件”は、あなたを幸せにしてはくれません。ややもすると、社会状況や時間の流れでなくなってしまうこともあります。「あなたを笑わせてくれるユーモアがある、友人と旅行に行く時に気持ちよく送り出してくれる、自然の中を一緒に散歩して幸せを感じる、バナナの引き寄せを一緒に楽しんで爆笑できる（笑）」といった、あなたが大切にしたい普遍的な“価値感”を書き出してみてください。一般的に言われている「理想のパートナー」とあなたにぴったりのパートナー像とは違う、ということに気づくかもしれません。

結婚や引越しで人生が大きく変わる、といった期待を多くの人が持ちます。ですが、それらは変われる機会の一つではあっても、今の延長線上のことしか起こりませんし、あなたの中にないものは“引き寄せ”ることができません。ですから、書き出したことをあなたが実践して、今日から自分自身がその人として暮らし始めましょう。その暮らしがあなたの普通の日常になったら、幸せな結婚生活ができる同じ価値観の人と出会った時に「この人だ!」と分かるようになるでしょう。

分かりやすいエピソードをご紹介しましょう。「大好きな山登りをしたい」という純粋な理由で山登りのコミュニティーに参加して山登りを楽しんでいた女性がいました。ところが、この女性以外は、実は「結婚相手」を探すために参加していたそうなのです。その結果、山登りが好きなその女性は、山登りが好きな素敵な男性と幸結婚し、豊かな毎日を送っています。ところが、結婚相手を探すために参加した女性は誰もパートナーを見つけることができませんでした。

Q 洋服や旅行など、“引き寄せ”たい物はたくさんあるけど、一番の願いは、「自分らしく生きる」ことです。しかし、肝心の「自分らしさ」や「やりたいこと」が昔からさっぱり分かりません。これも“引き寄せ”られるのでしょうか？

A 「自分らしさ」や「やりたいこと」は、何か大きくて素晴らしく思える特別なことを見つけて実践するのではありません。今の“あるがまま”のあなたの姿こそが、“自分らしくやりたいことをして生きてきた結果”です。ですから、これ以上自分探しを続けても見つかりませんので、やめましょう。

今の“あるがまま”が気に入らないのであれば、あなたが「気持ちがホッとすること」や「なんとなく楽しくなること」、「お金をもらわなくても、やってもいいなと思うこと」など、小さなことからでもいいので探しておこなうようにしてみてください。それは毎日の生活の中に必ずあるはずです。そうすることで、あなたの望む方向に向かって“あるがまま”が変化して充実していきます。その結果が、“自分らしくやりたいことをやっている”あなたとなってゆくのです。

おわりに

「鰯の頭も信心から」という言葉が日本にあるように、あなたがもし〝引き寄せ〟は「ある」と信じているなら、山のようにある〝実際にあった不思議な体験談〟だけを述べる方が簡単でした。ですが、あえてこの本では〝実際にあった身近な引き寄せ体験談〟に限定し、加えて学術的なデータを多く選んでご紹介しました。

その理由は、パート1のiPhone誕生の例のところで出てきたように、著名人の奇跡のような体験は「そんなこともあるよね」と感じられるのに、自分のことになると急に「そんなことあるはずない」となってしまいがちだからです。実際には、あなたが特別だと思っている人たちと、あなたとの間には何の差もありません。「そんなこと」は『ある』と学術的データで示されている訳ですから、唯一の違いは「そんなこと私に起こるはずないよね」「私には無理」「怪しい」という〝思い込み〟があるかないかだけです。

学術的データを知ることで「へぇ、そうだったの！」「特別な人だけに当てはまることではなかったのか」と感じていただき、「私には無理」が「私もやってみたい！」に変わっていったのではないでしょうか。
そして、〝引き寄せおもしろ実験〟で紹介した7つの実験を実際におこなっていただき〝引き寄せ〟が体験できれば、〝思いこみの色眼鏡〟を完全に外していただくことができます。もともと〝引き寄せ〟は当たり前のことですから、わざわざ色眼鏡をかけて〝引き寄せ〟を否定し、人生に活用しないと損をします。日常に取り入れて、ぜひ楽しんでください。

「お金がもっと欲しい」「最高のパートナーと出会いたい」「人から羨ましがられるようなかっこいい仕事がしたい」といったような、多くの人が叶えたいと思う強い願望は、執着が生まれやすいものです。

執着を持っている時には視野が狭くなって周りが見えなくなり、逆に欲しいものを〝引き寄せ〟にくくなります。例えば友人が素敵な結婚生活を送り、有名企業に勤めていてお金持ちに見える場合。こんな時はその友人を羨ましく思ったり、ややもすると「うまくいかなければいいのに」と嫉妬したり、「あの人のここがダメ」と悪いところを見つけだし攻撃したり、酷い場合には奪ってしまったり…ということがあるかもしれません。

もし、自分自身もパートナーと幸せな生活を送り、やりがいのある仕事をして豊かなら、〝隣の芝生が青く見える〟ことはないでしょう。そこで、執着がない「バナナ」からスタートする本書の実験を重ねることで、物の見方や考え方ひとつで「私にはない」と思っていたものは「実はすでに近くにあった」ことに気づいていくでしょう。そしてそれを手に入れて、満足していただきたいのです。

人は誰しも、つらく難しい練習では続けることができません。そこで、楽しく笑えて、簡単に結果を〝引き寄せ〟ることができ、何度も繰り返しおこないたくなる「バナナ」をあえて主役に選びました。バナナの〝引き寄せ〟を楽しんでいただきながら、あなたが発する言葉や行動が知らず知らず変化し、いつのまにか「運が良い幸せな人」になっていたことに気づいていただけたら幸いです。本書の実験を通して、街中いたるところに、「あ、バナナ！引き寄せた～！」と楽しい笑い声が起こり、〝自分の芝生は青い〟と感じる「運がいい幸せな人」が、世界中に広がっていきますように。

そして、最初は「欲しいもの」を〝引き寄せ〟るつもりで実験を始め、「運が良くなった」と喜んでいたあなたが、実験を進めるうちに、「欲しいもの」や「望み」を〝引き寄せ〟たから幸せになるのではなく、実はそのプロセスこそが人生を充実させていると気づいて下さるように願いを込めてこの本を書きました。

〝引き寄せ〟ようとする時、自分自身の思考を観察することになります。

これまでは、「望まないこと」のほうに注意が向きがちで、上手くいかないのは「あの人のせい」「社会のせい」「〇〇のせい」と、誰かの責任にして恨んだり怒ったりしていたかもしれません。ところが、自分の思考を客観的に観察していくうちに、同じ状況にいても幸せに楽しく生きている人も実はいることを発見し、起こるすべての物事は、「自分がどんな気持ちでいるか」「どのような捉え方をするか」で、良いようにも悪いようにも変わることに気づくことになるでしょう。そのうちに、これまで努力してもうまくいかなかったことや嫌だった人が、「自分の内面が変わる」ことで自然にすう〜っと変化していくことに、「ハッ！」とさせられて驚く経験をすることになります。そして本当の意味で、「自分の世界を創造しているのは自分であり、自分の中には望む世界を創り出す素晴しい力が本当にあった」ことに気づいた時から、大きく人生が変わり始めます。

つまり、〝引き寄せ〟実験のプロセスの中で、考えて真実を見極めようとするうちに、心に芽生えたどんな考えも自ずと身体に影響し、心の中だけに生きる力があると気づくことになります。その時あなたは、「欲しいもの」や「望み」ではなく、「自分の人生をまっとうしている」という体感を持ち始めるようになり、「生きる意味」を発見することになるでしょう。

最後になりましたが、本書を手にとってくださったあなたと、出版に至るまでにご尽力いただきました亡き畑田先生、心理学実験のエビデンスを調べる大きなきっかけをくださったウェルビーイング心理教育アカデミー&ニューヨークライフバランス研究所の松村亜里さん、株式会社ＢＡＢジャパン出版の東口社長、編集担当の林亜沙美さん、スタッフの皆さま、本当にありがとうございました。執筆中の生活をホスピタリティーで心地よく支えてくださったハレクラニの皆さま、そして留守中を守ってくれた家族と仕事仲間に、心からお礼を述べ感謝したいと思います。

あなたのＨＡＰＰＹが広がって、
世界がＨＡＰＰＹな笑いでいっぱいになる日を願って……。

ハワイ　ハレクラニホテルの部屋にて　濱田真由美
山田ヒロミ

濱田真由美 Mayumi Hamada

流通科学大学准教授。心理学・脳科学に基づいた自己実現法を英語教育に組み込んだ内容言語統合型学習（CLIL）を導入。英語学習意欲の向上に加えて、夢を描く力や自己肯定感、幸福感を高める新しい試みに取り組んでいる。メールマガジン「英語で学ぶ成功哲学」配信中。
メールマガジン http://eigo-pos.com/

山田ヒロミ Hiromi Yamada

ドリームスペースクリエイター®。一級インテリア設計士・心理カウンセラー。見えない「幸せ」と見える「環境」をリンクする空間術「ルームセラピー®」の考案者。「なりたい自分」として今ここを生きる空間術で多くの相談者の人生を好転させている。
公式ブログ http://ameblo.jp/ds-creator/

引き寄せ実験ラボ

「バナナの引き寄せ実験」誘導音声のダウンロード、

「こんな面白バナナを"引き寄せ"た!」

というご報告は、

『引き寄せ実験ラボ』のHPへどうぞ。

【HP】bananahikiyose.com

【引用文献リスト】

①P28-29
Dalton, P. & Fraenkel, N.: "Gorillas we have missed: Sustained inattentional deafness for dynamic events", Cognition, 124(3) (2012) 367-72.

②P47-48
Chen, M., & Burrows, L.: "Automaticity of social behavior: Direct effects of trait construct and stereotype activation on action", Journal of Personality and Social Psychology, 71, No.2 (1996) 230-244.

③P48
Bargh, J.A., Gollwitzer, P.M., Lee-Chai, A., Barndollar, K., & Trotschel, R.: "The automated will: nonconscious activation and pursuit of behavioral goals", Journal of Personality and Social Psychology, 81, No.6 (2001) 1014-1027.

④P48-49.P56-57
Shantz, A. & Latham G.P.: "An exploratory field experiment of the effect of subconscious and conscious goals on employee performance", Organizational Behavior and Human Decision Processes, 109 (2009) 9-17.

⑤P62-63
Shackell, E.M., & Standing, L.G.: "Mind over matter: Mental training increases physical strength", North American Journal of Personality and Social Psychology, 9, No.1 (2007) 189-200.

⑥P63
Ranganathan, V.K., Siemionow, V., Liu, J.Z., Sahgal, V., & Yue, G.H.: "From mental power to muscle power – gaining strength by using the mind", Neuropsychologia, 42, Issue 7 (2004) 944-956.

⑦ p69-70
King, L.A.: "The health benefits of writing about life goals", Personality and Social Psychology Bulletin, July (2001) 798-807.

科学で解明!
引き寄せ実験集

2018年6月10日　初版第１刷発行
著　者　濱田真由美　山田ヒロミ
発行者　東口 敏郎
発行所　株式会社BABジャパン
〒151-0073 東京都渋谷区笹塚1-30-11 4F・5F
TEL 03-3469-0135　　FAX 03-3469-0162
URL http://www.bab.co.jp/　E-mail shop@bab.co.jp
印刷・製本　中央精版印刷株式会社

ISBN978-4-8142-0136-5 C2077

■ Illustration／Chiharu Watanabe
■ Cover Design／Yasushi Umemura
■ DTP Design／Shimako Ishikawa

BOOK Collection

未来を視覚化して夢を叶える!

魂の飛ばし方

タマエミチトレーニングというちょっと不思議な修行で世界が変わる!自分が変わる!面白いほど夢が叶う究極のイメージトレーニング法。記憶の逆まわし法・視覚の空間移動法・魂飛ばし法・夢見の技法・異邦人になりきる法・絵や文字による夢の物質化など、誰でもできる究極のイメージトレーニングで体外離脱×願望を実現。

●中島修一 著　●四六判　●192頁　●本体1,400円+税

風水・気功の知恵で大自然の「気」と一つになる!

体感 パワースポット

ただ行くだけではない。パワースポットの見方、感じ方、「気」の取り込み方まで紹介!　大自然のパワーを放つ写真を多数掲載し、日本にある12箇所のパワースポットを紙上体験できます。時に日々の生活から離れ、大自然の「気」と一つになれば、明日への活力が湧いてくるでしょう。新たな自分に出会う旅へ誘う一冊です。

●出口衆太郎 著　●四六判　●268頁　●本体1,400円+税

“物理学者のセラピスト”がやさしく教える

スピリチュアルと物理学

スピリチュアルには根拠があった!!　宇宙の9割以上が見えないものから出来ているなら、私たちの周りも同様に見えないものが取り囲んでいると解釈出来ます。こころや精神・自然の世界を感じ、深い気づきを得ることは、生きる上での大きなヒントになります。“見えないものの中に、見えるもの以上のものがある”のです。

●柊木匠 著　●A5判　●184頁　●本体1,400円+税

読むだけで

宇宙とつながる　自分とつながる

自分とつながるとか宇宙とか流行っているけどどういうこと?という方への超入門書。哲学や宗教ではない、世界一面白くて実用的な宇宙本です。読むと、あなたの世界が変わって見えるでしょう。願いは軽やかにフワッと願うと、当然のように手に入る!、すべての感情は味わい尽くすと歓びに変わる!、『こわい』を行動すると最高のワクワクに変わる! etc…リリーちゃんが教える生きやすくなる秘訣です!

●リリー・ウィステリア 著　●四六判　●256頁　●本体1,300円+税

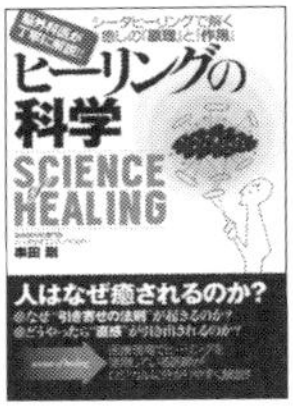

ヒーリングの科学

脳外科医が丁寧に解説!!　シータヒーリングで解く癒しの「原理」と「作用」。人はなぜ癒されるのか?　なぜ“引き寄せの法則”が起きるのか?　どうやったら“直感”が引き出されるのか?　医療現場でヒーリングを活用している医師がロジカルに分かりやすく解説。

●串田剛 著　●四六判　●212頁　●本体1,500円+税

BOOK Collection

声の力が脳波を変える、　全てが叶う！

倍音セラピーCDブック

倍音声を持つシンガー・音妃の声を聴いただけで脳波がシータ波に変わり、深い癒しが体験できます。シータ波とは、脳科学を筆頭にあらゆる分野で研究されている注目の脳波。この脳波に変わると潜在意識の扉が開き、願望が実現しやすくなると言われています。CDの音声と一緒に声を出して共鳴するとより効果的です。

●音妃（おとひめ）著　●A5判（CD付）●135頁　●本体1,600円+税

声の力が脳波を変える、　全てが叶う！

シンギング・リン 全倍音セラピー CD ブック

日本発のヒーリング楽器『シンギング・リン』の奏でる全倍音は、自分に足りない周波数を生命が自動選択し、一瞬で、その人にとってベストなエネルギーに変換します。幸せと自己実現をかなえる、世界で初めてのサウンドセラピーです。魂レベルの癒しと浄化をもたらし、その人本来の個性や魅力が開花します。全4曲、計40分の CD と、六芒星シートが付いています

●和真音 著　●A5判（CD付）●160頁　●本体1,500円+税

セイクリッドアロマカード

植物の精霊が教えてくれる33のスピリチュアル・メッセージ

あなたの知らないあなたに出会う。本書ではは、9 枚からなる芳香植物のアロマカードと、4枚の「水」「大地」「太陽」「風」というエレメントカードで構成されています。恋愛、健康、仕事や人間関係など、日常で出会うさまざまな問題を乗り切るヒントや、すぐ実践できるアロマのレシピが満載。

●夏秋裕美 著／ HIRO アート／レイラプナ・RIE カードメッセージ
●四六判　●212頁〈カード33枚付き〉　●本体3,714円+税

ハッピーハッピー パワーストーンカード

色や形はさまざまで、それぞれがユニークな存在でありながら美しく輝いている石。その姿は私たちに「自分らしい美しさを輝かせて、幸せに生きることができる」ことを教えてくれます。恋愛・仕事・健康…、人生のどんなときも、石からのメッセージは今のあなたを映し出し、やさしくサポートしてくれるでしょう♪

● Angel Hiro、山口はな 著　●四六判　●260頁 (カード 64 枚付)
●本体 3,500 円+税

～からだに聞くこころのメッセージ～

「からだ占い」 HAPPY ♥カード

全 62 枚（4 種類）のオリジナルカード&解説本セット!　「からだ占い」カードは何でも教えてくれる!　恋愛・仕事・人間関係・健康…etc. 悩みや迷いを解決し、才能が開花♥　目次:「からだ占い」HAPPY カードについて／ 27 のからだちゃんメッセージ／ 12 星座 &10 惑星メッセージ／運気カードメッセージ

●タッキー先生 著　●四六判　三方背（ボックス）仕様
● 92 頁〈カード 62 枚付〉●本体1,500円+税